沖縄・北大東島を知る

うふあがりじま入門

服部敦

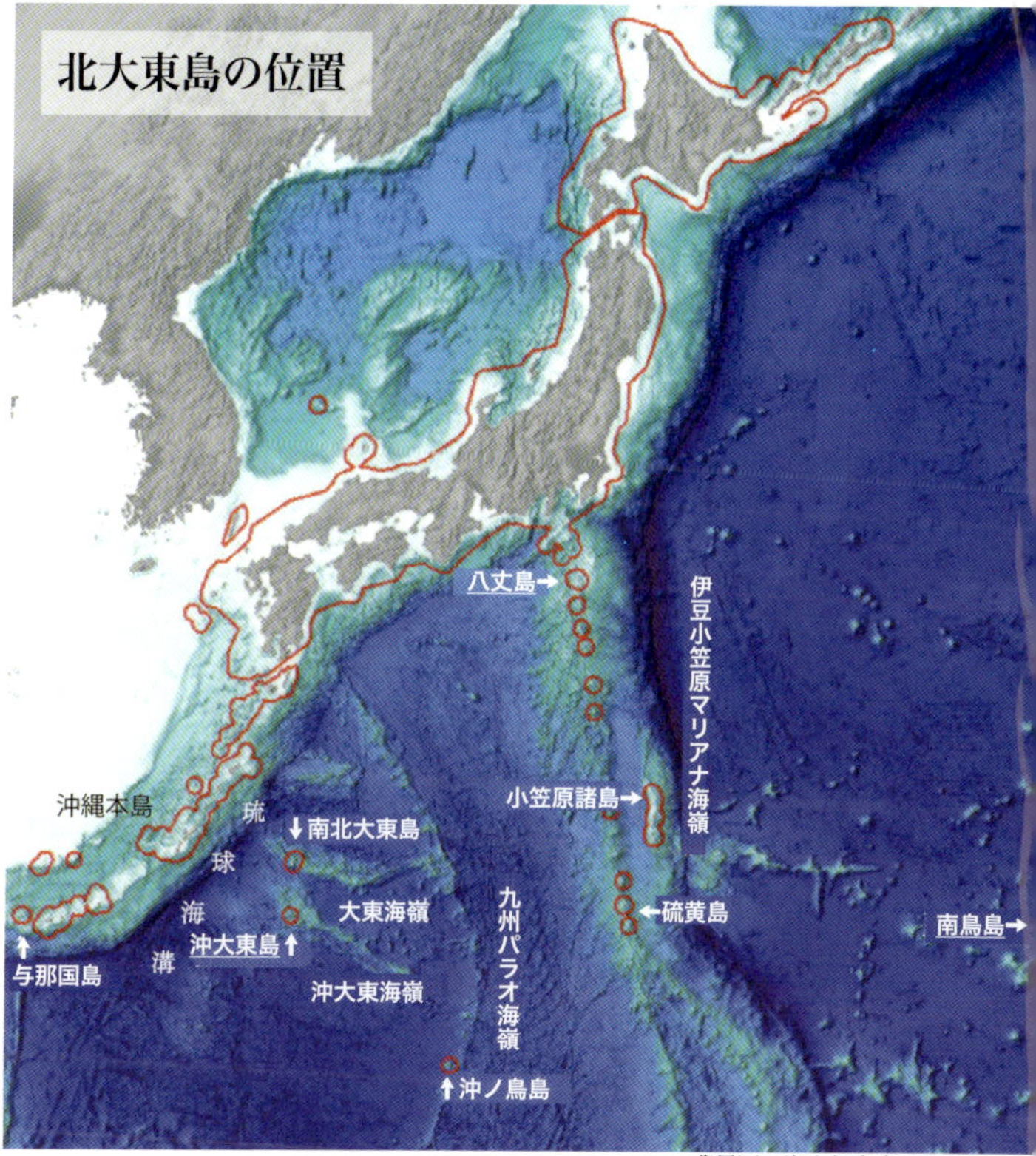

出典「海洋台帳　海上保安庁」より筆者が作成
注：赤線は領海線を示す。

沖縄本島から東へ約 360 キロメートルを隔て、大東諸島の中に北大東島はある。

北大東村は、北大東島の字港・字中野・字南の三字に、沖大東島の字ラサを加えた４つの字からなっています。

島の内陸部を隆起サンゴ礁に由来する岩稜（緑の部分：島では「幕〔ハグ〕」といいます）が環状に取り囲んでおり、特に南側の約1.5kmは「長幕」と呼ばれ、島の原初の植生を伝えることから国の天然記念物に指定されています。

沖縄海（おきなわうみ）
小さな砂浜のある天然海水プール。

秋葉宮・天狗岩
本土の神社と沖縄の拝所が並んでいる聖地。

北大東島案内

燐鉱石貯蔵庫跡
字港にある、近代化産業遺産の一つ。国指定史跡。

上陸公園
開拓者たちが上陸した場所。

長幕の崖壁及び崖錐の特殊植物群落
希少な動植物が棲息・生育する、国指定の天然記念物。

北大東島の自然

周囲を険しく切り立った隆起サンゴ礁の岩場が取り巻いている。

ホソミアダン
（北大東島固有種）

ダイトウオオコオモリ
（国指定天然記念物）

ダイトウコノハズク
（大東島固有種）

ヒメタニワタリ
（希少種）

はじめに　外から見た郷土誌

この本は、外からの目でとらえた北大東村の郷土誌である。

北大東村は、沖縄本島のはるか東、大東諸島の中にある。大東諸島の中では、南大東島が天気予報に登場するので知られているが、他にも、北大東島と沖大東島の2島がある。北大東村は、この2島からなっている。

私は愛知県の大学で都市デザインを専門として教育・研究に携わっている。２００８年に村長と知り合って、はじめて北大東島を訪れ、２００９年からは北大東村の政策参与として、村の様々な計画の策定、事業の企画・運営をサポートしてきた。２０１８年でちょうど10年目となる。

10年の取り組みの中で、村の皆さんから多少の信頼を得たのか、２０１４年には新たに編纂することになった村誌の歴史編の執筆を任せていただける栄誉を得た。多くの方々のご協力、ご支援を得て、目標の3年間で執筆を終えることができ、村誌は２０１７年に刊行された。開拓以来、120年に満たない短い歴史ではあるけれど、美しくも厳しい自然の中で刻まれてきた国境離島の定住の歴史は、独特な濃密さを持っている。

村誌は900ページを超える大書となった。簡単に手に取れる本ではないし、読み切ることは容易ではない。持つだけで手が疲れる。体を鍛えるには良いけれど。

この本の刊行は、村誌の内容をより多くの方に知ってもらいたいという意図から始まっている。すべての村民や出身者の皆さん、すでに北大東村が大好きな皆さん、まだ北大東村を知らない多くの皆さんに、北大東村の自然・歴史・民俗の一端を知って欲しい。

さらに、私は確信している。厳しい環境に負けることなく、これまで続けられ、これからも続いていく北大東村の挑戦を知ることで、自分が住み、関わっている地域をあきらめない心が芽生え、育つことを。

この本は、外からの目で書かれた北大東村の郷土誌である。北大東村は、郷土の島に対する誇りをしっかりと主張しながら、外からの目を決して排除せず、親しげに受け入れる。そのこと自体が島らしさであるかのように。

この本はまた、北大東村の自然・歴史・民俗を理解するための入門書であり、北大東島への旅をより充実したものとするための観光ガイドブックでもある。

各章の最初には、島をおとずれた旅行者の視点で書かれた「旅の日記」が置かれており、初めて北大東島に出会う読者の入口となっている。

自分に合った視点で、読んでもらえれば幸いである。

目次

＊ジャケットデザイン　慶田　充〈SAG〉

序章　北大東島の希少性

盆地のような島中央の風景

旅の日記・その序

琉球エアコミューターの50人乗りプロペラ機が北大東空港に着いた。那覇から50分ほどでいったん南大東空港に降り、30分後に再び飛び立つという慌ただしいフライトは、わずか15分で終わった。楽しみにしていた国内最短航路だ。タラップを降りると空港ロビーまでアスファルトの上を歩いた。日差しは強く、海からの風を感じた。

迎えのマイクロバスに乗り込み、背高く伸びたサトウキビ畑の間を抜けると、小高い緑の崖に周囲を囲まれた平地の中に出た。製糖工場の建物が見えたが、夏は休業中だ。役場や学校がある小さな集落の先、長い坂の中腹に今夜の宿があった。

宿に展望台があると聞き、荷物を置いてすぐに登った。サトウキビ畑の広がりを緑深い崖がぐるりと囲んでいた。盆地のようだ。その中心に、先ほど通った小さな集落がある。ここからは海はほとんど感じられない。

沖縄本島から400キロ近く離れ、途中にはまったく島影を見なかった。絶海の離島で人々の営みが続いていることに胸を打たれた。営みはとても密やかで、経験したことのない静けさを感じた。

世にも希少な北大東島

北大東島は、希少な島である。どれほど希少かを示す証拠を並べてみよう。

一．20世紀になって初めて開拓された島である（それ以前は有史以来、無人島）。
一．開拓の背後には明治政府の大物、榎本武揚が関わっている。
一．人口わずか６００人で自治体をつくっている。
一．戦前までは自治体がなく、私企業が支配した島であった。
一．排他的経済水域の外縁を決めている国境離島である。
一．八丈島と沖縄が混じりあった文化を持つ。
一．地学史上に輝く世界最大級のボーリング調査が行われた。
一．島全体がドロマイトという鉱物で覆われている世界唯一の島である。
一．国内ではわずか２つしかなかった燐鉱《りんこう》石の本格的な産地のひとつである。
一．国内で唯一、燐鉱山の全体像を示す遺跡が残っている。
一．希少な又は固有の動植物が現在も生息している。

一．船から上陸するためにはクレーンで吊られる必要がある。
一．道路の路面を引き剥がしてしまうほどの台風が襲来する。
一．島の岸壁から年に何本か大物マグロが釣れる。
一．飛行機の日本最短航路の発着地点である。
一．村民一人当りの所得が県内第1位である。
一．離島にあって高齢化率が都市部並みである。
一．子どもは親と別れの相撲をとって15歳で島を出る。
一．県内トップクラスの農地の基盤整備率を誇る。
一．県内最高水準の水産加工施設を持つ。
一．県内トップクラスのスポーツ選手を生み出してきた。
一．島内に基地はないが基地所在自治体である。

などなど。この辺りで止めておこう。細かく挙げれば切りがない。

この本では、歴史、自然、民俗、文化などの様々な面から、北大東島がいかに希少性な島であるかをさらに詳しく知っていただくことを目指している。

しかし、それだけではない。先ほどの数々の例示のあとの方には、極めて厳しい自然条件や社会条件を克服して、しまづくりに取り組んできた北大東島の挑戦の結果が表れている。地域を豊かにするための普遍的な手がかりを北大東島の希少な経験の中に見出していくことが、この本のもう一つの目的である。

北大東島の物語を開くその前に、かつて伝説の霧に包まれていた大東島が近代に発見されるまでを辿って、この本の序としよう。

三つの大東島

沖縄の島々の大部分は、琉球弧と呼ばれる鹿児島県大隅半島から台湾へと続く島々の連なりの中にある。その連なりから離れ、東方のはるか海上に3つの島がある。南大東島、北大東島、沖大東島であり、総称は大東諸島である。沖縄方言で「大」を「うふ」、「東」を「あがり」と言うことから、「うふあがりじま」とも呼ばれる。

面積は、南大東島が約30平方キロメートルで、北大東島がその2分の1弱、沖大東島はさらにその約10分の1である。

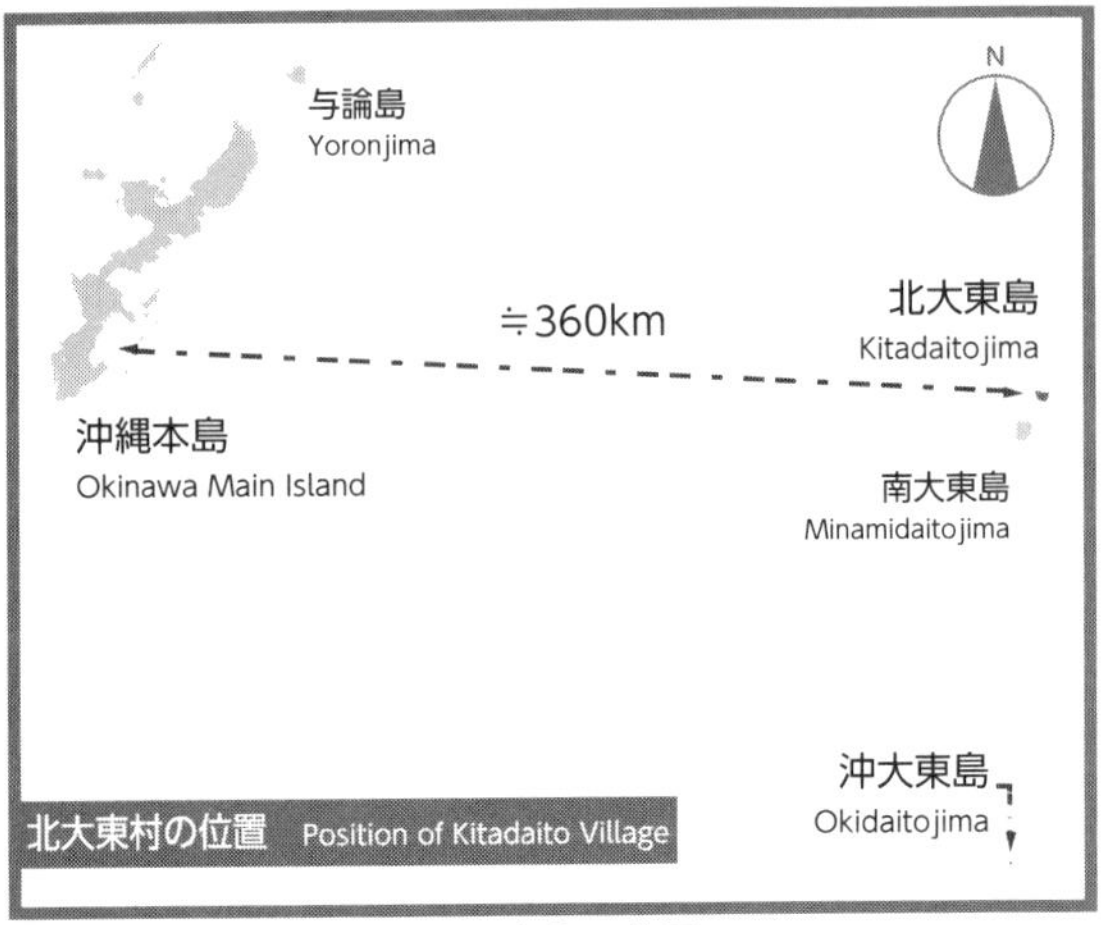

北大東島の位置

いずれも明治期に入るまでは無人島であり、所属する国さえも明確でなかった。1885年（明治18年）に日本の領土に組み入れられた後、20世紀に入ってようやく民間企業により開拓され、サトウキビ栽培又は燐鉱石採掘により栄えた。

太平洋戦争を経て、沖大東島は再び無人島となったが、南・北大東島にはそれぞれ村制が敷かれて、南大東島では約1300人、北大東島では約600人が毎日の生活を営んでいる。

伝説のうふあがり島

うふあがり島は、はるか東方の海の彼方に

神々の理想郷ニライカナイがある島として沖縄では古くから信じられてきた。かつては伝説の島であった。民俗学者の柳田国夫は著書『海上の道』の中で次のように記している。

「『おもろ草紙』の巻十三にはアガルイの三島、テダが穴の三島という句がある。（略）海上遥かあなたに、そこから日輪の上ってくる三つの島があることを、人が共同に夢みていたのだと思う。（略）今ある現実の大東島が発見せられたのは、それよりややおくれた明治十八年以後の事で、そこには人も住まず泉もなく、自然の条件は楽土と言うには遠かったけれども、やはり島の数は三つあり、またほぼ旭日の上る方角にあった故に、これを大東島と呼ぶことに何人も躊躇しなかった。そうして南の人たちのまぼろしのオホアガリシマは、ちょうどこの頃を限りとして、信仰の世界から消えてしまったのである。」

永らく無人島であった3つの島が近代に「発見」された時、伝説の島の名前を受け継いだのである。

世界地図に描かれた島

世界史では、大航海時代に大東島の最初の「発見」があり、以後、様々な名前で地図に記されてきた。

　現在知られている最も古い記録には、１５４３年にスペイン人Ｂ・デ・ラ・トーレが南・北大東島を発見し、「ラス・ドス・ヘルマナス　Las dos Hermanas（「二人姉妹」の意）」と名付けたとあり、幾つかの古地図にこの名称での記載がある。

　その後の多くの地図には、南・北大東島に相当する位置に「アムステルダム」という一島が記されている。17世紀のはじめに日本西海でオランダ人により発見され、命名されたものとされている。

　西洋において大東島は、大航海時代にすでに「発見」されていたことは事実だが、位置も形も島の数も不正確であり、多くの人々にとっては伝説の島に近いものであった。

世界史の中で大東島が近代に「発見」されたのは、１８２０年にロシアの海軍佐官ポナフィデンが南・北大東島を視認した時であろう。この時、ポナフィデンは指揮する艦の名称に因んでボロジノ諸島と名付けた。１８５３年には、江戸幕府に開国を迫ったアメリカの海軍提督ペリーが、ボロジノ諸島を確認したと報告している。

　世界史の中でも大東島は近代に「発見」されて、世界地図の上から「伝説の島」は姿を消したのである。

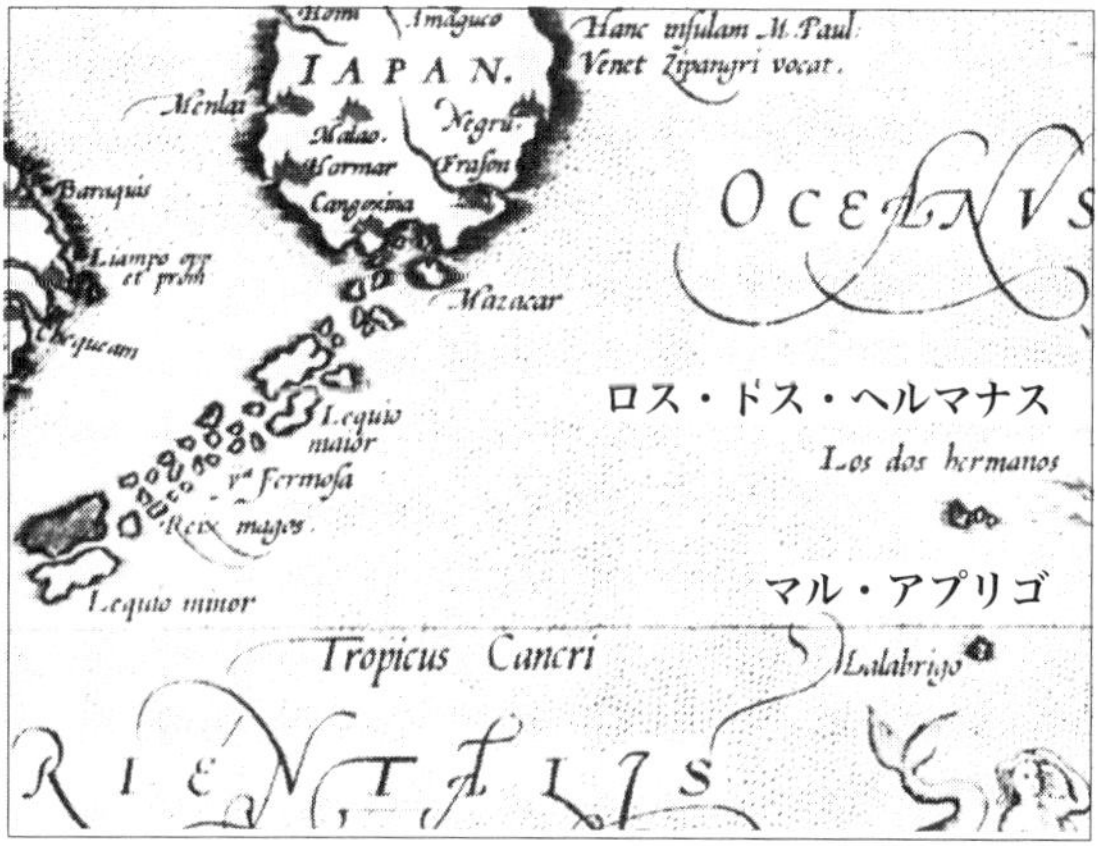

メルカトル「印度位置図」（1575 年 . 拡大）。マル・アプリゴは沖大東島。

北大東島は、わたしたちの現実の世界に姿を現した。

さあ、北大東島への時空を超える旅が始まる。

第1章　チャンプルーな開拓文化　【民俗】

大東寿司

旅の日記・その1

宿の食堂で夕食をとった。メニューには、ゴーヤーチャンプルーなど、沖縄の料理はもちろん載っていたけれど、「大東寿司」に心を惹かれた。

紅白の刺身をのせた大ぶりな握り寿司が運ばれてきた。紅はマグロで白はサワラ。どちらもヅケ（しょうゆ漬けのこと）になっていた。島を開拓した八丈島の人々から郷土料理が伝わったのだと聞いた。

刺身の盛り合わせには、ぷっくりとした島唐辛子が添えられていた。隣で宴会をしていた地元の人らしいテーブルを覗くと、醤油に唐辛子をつぶして溶いていた。独特の食べ方だが、真似てみると意外にウマかった。

生活の中に、八丈と沖縄の文化が混ざり合っているようだ。

八丈移民と沖縄からの労働者

島の人々の苗字には、宮城さん、平良さん、大城さん、比嘉さんなどのように沖縄の代表的な苗字が見られる一方で、沖山さん、鬼塚さん、浅沼さん、奥山さんなど、県内には珍しい苗字がある。後者は八丈島から伝わった苗字である。

「幕（マク）」と称される島の中央を囲む岩稜を「ハグ」と呼ぶのも八丈方言が残ったものである。ハグは、岩稜の連なりが歯茎に似ていることを表したものだという。

南・北大東島の有人の歴史は、1900年、八丈島出身の玉置半右衛門《たまおきはんうえもん》によって送り込まれた開拓団23名が南大東島への上陸を果たした時から始まった。開拓団の大半は、八丈島の人であった。その後も、八丈島からの移住は行われたが、開拓が進むに連れて、沖縄県内からの労働者が増え、八丈島出身者と沖縄県出身者が混じり合う独特な地域社会が生まれた。

玉置は、大東島の経営にあたって、主に八丈島出身者を「島民」「親方」と呼んで島社会の正式な構成員として位置付ける一方で、沖縄出身の労働者たちを「仲間」と呼んで区別した。島民には、宅地と開墾区域が定められ、開墾すれば小作権が与えられた。

北大東島は、開拓の意思を示すためにl903年にサトウキビ8株が植えられただけで、しばらく無人島のままであった。本格的な開墾が始まったのは1911年のことである。さらに、燐鉱山が本格的に稼働を始めたのは、島の経営権が玉置から東洋製糖に移管された後の1918年のことである。

このような開拓時期の差は、南大東島と北大東島の地域社会に微妙な差を生んだ。東洋製糖から大日本製糖に至る会社支配の時代には、社員を頂点に、傭員、次いで、鉱夫または、小作人、農夫へと下位に位置づけられていく階層社会が形成された。南大東島では、玉置時代の八丈が上、沖縄が下という階層社会が引き継がれたが、開拓の始まりが遅れた北大東島では、社員と労働者という区別はあっても、必ずしも八丈対沖縄という図式にはならなかった。北大東島の社員には、沖縄出身者も多くいた。

八丈島出身の玉置半右衛門

こうして、八丈島出身者と沖縄県出身者の混在は次第に進み、八丈と沖縄が混じり合う独特の民俗・文化が形成されていった。

１９２６年の記録では、約８００人の働き手のうち、八丈島出身者が50人、沖縄県出身が７２８人となっており、圧倒的に沖縄県出身者が多かった。八丈島出身者が社会の上位を占めたために、両者の文化は拮抗しながら、混じり合ったと考えられる。

沖縄県出身者の中では、大宜味、名護、今帰仁、本部といった本島北部出身者が多く、同郷のもの同志で組織する郷友会の活動が盛んだった。

大東寿司とヤギ料理

大東寿司は、八丈島の郷土料理である島寿司が伝わったものである。八丈島では、白身魚を中心に、タイ、シイラ、カンパチ、マグロ、カツオなどを醤油漬けにして、やや甘めの握り寿司にする。辛味に練り辛子を使うのが特徴である。島寿司は、八丈島の移民が多い小笠原諸島や大東諸島に伝わった。大東島では、マグロとサワラを使うことが多いが、辛味にはワサビを用いる。マグロとサワラが揃うと、べっこう色を帯びた紅と白の２色のコントラストがよく映える。

マグロとサワラは、南・北大東島周辺の２大漁種である。春と秋にサワラ、初夏にマグロの漁獲量が多い。マグロはキハダ、サワラはオキザワラである。キハダは脂が少な目でさっぱりとしている。オキザワラは、本土でよく食べられるホンザワラよりも大きく、身が割れにくく、しっかりしている。本土では、岡山県などの一部の地域を除いてサワラを刺身で食することは少ないが、大東島では、サワラを刺身で食する。ほんのり甘く、さっぱりとクセがない。

この他に、独特の魚としては、深海魚のナワキリ（クロタチカマス）がある。小骨が多いので、刺身にする時は凍らせて骨切りし、薄造りにする。お汁にするとしっかりとした味が出て美味しい。ソデイカが釣れる冬場は海が荒れるので、これまでの小型船舶による操業では漁の対象としてこなかったが、漁港の開港後は、船の大型化により漁獲量が増えていく見込みである。

陸のご馳走といえば、こちらは沖縄らしくヤギ料理である。ヤギ汁は濃厚な味わいを楽しめる。皮目を焼いたタタキ風のヤギ刺しは新鮮で臭みがなく、ほんのりと塩気が感じられて美味しい。ヤギ刺しの塩気は、海風を受けた草を食べているからだという。

最近は島内には70頭前後のヤギが飼われている。お祝いや行事の際に、大切に育てたヤギを潰して、皆に振る舞う習慣がある。１９７０年代中頃には４００頭近くも飼われていた時期もあったが、飼育頭数は次第に減少してきている。以前は、肉用牛、乳用牛、豚、採卵鶏など様々な種類の畜産が行われていたが、現在、ヤギ以外の飼育は行われていない。食料自給率を上げるためには、採卵鶏をはじめとして、畜産の復活も必要であろう。

江戸相撲《すもう》と沖縄角力《すもう》

島には３つの神社があり、例祭は時期を違えて行われる。それぞれのメインイベントは、いずれも奉納相撲大会である。

奉納相撲では、江戸相撲と沖縄角力の両方が行われる。江戸相撲は、テレビで見る大相撲同様に、まわしをつけて、土俵上でぶつかり合い、相手の体を地面につけるか、土俵の外に出すことで勝利する。沖縄角力は、空手のような道着をつけて、相手の帯に手を絡めて右四つに組み合い、相手の背を地面につけることで勝利するものである。

小学生の子どもたちは江戸相撲に出場する。中学生以上になると、江戸相撲と沖縄角力の両方に出る機会がある。

相撲に強い子どもは、勝ち続けることで自信をつける。青年になって大会で優勝し、横綱ともなれば、島内で尊敬を受ける存在となる。それほど強くない子どもも、前年の悔しさをバネにできる範囲で練習を重ね、少しずつ壁を克服していく。周囲の大人たちは、毎年の相撲大会で、子どもたちの成長や日頃の努力を感じ取り、暖かな眼差しと応援の声を送る。なかなか勝てなかった相手を、ようやく倒すことができた時、みながそれまでの道のりを思い、涙することもある。

例祭ごとに、奉納相撲は異なる特徴を持っている。

9月の大東宮《だいとうぐう》祭では、祭り2日目に、子どもから大人まで年代別に勝ち抜き戦が行われる。子どもたちは、何度でもチャレンジできる5人抜き勝負である。我先にと審判に駆け寄る子どもたちの姿が愛らしい。青年以上では大迫力の真剣勝負が繰り広げられる。近年は、相撲が盛んな県内各地から強い選手を招いて、勝負が行われる。優勝旗を村内で維持できるかに関心が集まり、大いに盛り上がる。

10月の金刀比羅宮《こんぴらぐう》祭でも年代別の勝ち抜き戦が行われるが、漁師のお祭りらしく、商品として山盛りの魚が供されるのが特徴である。勝ち抜いた子どもたちが、持ちきれないほどの魚を抱えて満面の笑みを浮かべる光景が印象的である。

11月の秋葉宮祭でも同様の勝ち抜き戦が行われるが、メインは、その年に中学を卒業す

沖縄角力

江戸相撲

る子どもが親と戦う「親子相撲」である。男子は男親と沖縄角力を、女子は女親と腕相撲を競う。高校のない島では、中学校を卒業するとほとんどの子どもが進学のために島を出る。親子相撲は、旅立ちの相撲、別れの相撲である。「俺を倒していけ！」「育ててくれた感謝を込めて、父ちゃんを倒してやる！」という熱血漫画のような光景も繰り広げられ、毎年のように大いに盛り上がる。

八丈太鼓から大東太鼓へ

島の子ども達が属する北曙《ほくしょ》会が演じる大東太鼓は、離島フェアなど、県内各地で披露され、郷土の芸能を県内・全国に発信し、北大東島の認知度向上に貢献している。2013年には国立劇場おきなわに出演するなど、活躍の場は広がりを見せている。

大東太鼓は、八丈島の郷土芸能である八丈太鼓を原型としている。

八丈太鼓は、ひとつの太鼓を二人の打ち手が挟んで打つ、いわゆる両面打ちで、一方が基本のリズムを刻む下拍子、他方が即興で自由に叩く上拍子を担当する。太鼓の始まりや途中に「太鼓節」と呼ばれる唄が歌われ、囃子が入ることもある。唄には、定型の歌詞も

大東太鼓（国立劇場おきなわにて）

あるが、その時の気分を即興で歌うこともある。

八丈太鼓を今に伝えている島の古老、沖山昇さん、島田清忠さんにお話を聞いた。

八丈島からの移民が八丈太鼓を大東島に伝え、主に八丈島出身者の間の娯楽として受け継がれてきた。祭礼の際に披露されたほか、月の美しい夜などに酒宴の席で興に乗ると、太鼓を引き出してきて、かわるがわる太鼓を打ち、歌を歌って楽しんだという。

名人が何人かいて、それぞれに独特なスタイルを持っていた。両足を揃えて打つのが基本だが、上半身の動きには個性があったという。唄には定型の「太鼓たたいて人様よせて　わちもあいたい人がいる」などの歌詞があり、「そら、そこらで打ち込め、うちやれ、きりやれ」と囃子が入って、太鼓を打ち込んでいく。次第に歌詞も即興で歌われ、なかなか色っぽい歌詞を歌う人もいた。

お二人の話と演奏を記録した映像を「開拓の文化を受け継ぐ～沖縄県北大東島の太鼓～」と題して制作、公表した。関心のある方は、You Tubeでご覧いただきたい。

こうして先人たちが伝えてきた八丈太鼓だったが、受け継ぐ人が途切れ、廃れそうになった時期もあった。このため、1995年頃から、沖山さんらが島の青年や子ども達に太鼓を教え始めた。その後、2002年に山田幸子さんが太鼓愛好会を立ち上げ、現在の北曙会の大東太鼓に引き継がれた。

大東太鼓は、両面打ち、上拍子、下拍子といった基本形を八丈太鼓から受け継いでいる。下拍子はゆっくり目の「デンデコ」と速めで軽快な「シャバタキ」の2種類で、上拍子は自由打ちである。私が最初に子ども達の練習を見学した際、自由で迫力のある演奏に衝撃を受け、大きな魅力を感じた。一方で、舞台などで一定の時間、演奏を披露するには荒削りで、専門家の指導が必要だとも感じた。

その後幸いにも、世界的な太鼓奏者である林英哲さんに島で子ども達の演奏を見ていただく機会に恵まれた。見ていただくだけのはずが、英哲さんは子ども達の中に入って行って、予定外の指導を始められた。最初の3日間の滞在期間中に、大東の海をイメージして八丈太鼓のリズムを取り込んだ「英哲」（子ども達が命名）を作曲され、ついで、子ども達の言葉のリズムから「北大東こども囃子」を作曲され、さらに自作の曲「千の海峡」を教授してくれた。こうして、現在も披露されている舞台構成の基礎があれよあれよという間に完成した。

その後も英哲さんとの縁は続き、ご本人やお弟子さんが定期的に島を訪れて、演奏のメンテナンスのための指導が続けられている。２０１３年の国立劇場おきなわでの演奏は、英哲さんからの声がけで実現したジョイントコンサートである。

八丈島から伝来し、先人たちが継承してきた八丈太鼓は、大東島の風土の中で形を変えながら、いま、子ども達の大東太鼓へと受け継がれている。

三大例祭

島には３つの神社があり、それぞれ例祭が行われる。

大東宮《だいとうぐう》は、戦前は大神宮と呼ばれ、天照大神を奉安し、島の産土神として信仰を集めてきた。島中央の小高い丘の上に本殿が設けられ、麓からゆるやかな坂の参道が続く。開拓当初は、黄金山の山頂付近にあったが、燐鉱床が発見されたため、遷座されたものである。例祭は、昔も今も島最大のイベントで、9月22日に前夜祭、23日に本祭が行われる。

金刀比羅宮《こんぴらぐう》は、島の西北部の西港の近くにある。1945年、戦火の中で危険な航海を重ね、半年がかりで渡ってきた新任出張所長の江越道隆は、漁師の元締めであった菊池清四郎が自宅に祀っていた金刀比羅様を見つけた。江越所長は、海の安全を祈るために島民全体で祀ろうと神社の建立を決め、駐留していた日本軍（守備隊）の協力を得て完成させた。たまたま、守備隊に宮大工がいて、大いに役立った。こうした経緯から金刀比羅宮を戦争遺構と見ることもできる。例祭は、10月の体育の日に行われる。

秋葉宮《あきはぐう》は、島の東部、空港の近くにある。戦前に八丈島出身者が自宅に秋葉様の掛軸を掲げ、仲間内で祭祀を行っていたのを引き継いで、村の火災防難を祈るために1984年に神社を建立して安置した。秋葉宮を建立した場所は、天狗《てんぐ》岩と呼ばれる巨大な奇岩の隣にある。天狗岩には、沖縄最東端の拝所があって、以前は本島からユタが拝みに来ていたという。例祭は11月23日に行われる。

いずれも、戦前に由来があり、ヤマトの神々を祀ったものである。祭祀として行われる奉納相撲では、江戸相撲と沖縄角力の両方が行われるのが特徴である。秋葉宮祭の親子相撲は、15歳で親元を離れなければならない子どもたちの通過儀礼として、しばしばテレビ・新聞で紹介されている。

神輿巡業

ここでは、島の最大イベントである大東宮祭の2日間のプログラムをたどってみよう。

1日目は、午後から、沖縄県内では珍しい神輿《みこし》の巡行が行われる。山車《だし》の上で子ども達が太鼓や鐘を叩き、神輿の担ぎ手たちがワッショイ、ワッショイの掛け声とともに練り歩く。島の中心部を回って大東宮に戻り、坂道の参道を蛇行しながら30分ほどかけて境内まで押し上げる頃に祭は最高潮に達する。神輿を本殿に安置し、花火大会を見上げて初日が終わる。

2日目は、朝から、豊年祈願の式典に続いて奉納相撲が行われる。午前中の幼児・児童の部で子どもたちの勝敗に一喜一憂しながら、取り組みを楽しんだ後は、次第に、大人たちの真剣勝負のぶつかり合いへと白熱の度合いが高まっていく。戦前は、取り組みの前に、化粧まわしを締めた力士たちが相撲甚句を披露したという。

奉納相撲が終わると、場所を屋内に移し、奉納演芸会へと続く。1980年前後までは、青年会が婦人会と協力して、琉球舞踊などの芸を披露していた。男性有志による女踊りは期せずして喜舞踊となり、爆笑を誘っていたようである。現在は、青年会会員が少なく、出し物の一部にプロの芸人が出演するようになっている。北曙会による大東太鼓が披露され、喝采を浴びるのは言うまでもない。相撲や演芸会の際には、大東寿司、マグロ・サワラの刺身、ヤギの刺身、ヤギ汁などが振舞われる。準備は主催の奉賛会が担当し、大量の刺身のさばくために、大人数の刺身係という部隊が組織されるほどである。

こうして、ヤマトの文化に沖縄の文化が混ざり合いながら、島の祭礼は成立し、継承されている。

第2章　空飛ぶ上陸風景【地学】

旅の日記・その2

那覇からの貨客船「だいとう」が着くと聞いて、朝早く、西港と呼ばれる場所に行った。コンクリートで造られた広場が海から高く立ち上がっているだけで、船着き場がない。一般的な港のイメージとはかなり違った。港以外の島の周囲は、険しく切り立った岩場が取り巻いていた。この島に最初に上陸した人々はきっと大変な苦労をしただろう。

港には大型クレーンが待機していた。作業員風の男たちが集まってきて、遠くに見えていた船が次第に近づいてきた。船は港には着岸せず、コンクリートの広場から数メートル離れた海上に前後4本のワイヤーで固定された。

クレーンが大きなかごを船のデッキに運ぶと、下船を待っていた人々はかごに乗り込み、しばらく宙吊りにされた後に上陸した。クレーンは甲板に並べられた自動車やコンテナを次々に宙吊りにして陸に運んだ。

荒々しい海に囲まれ、永い間、人間の居住を拒んできた北大東島の厳しい地形が生み出した独特の風景だ。

世界最大級のボーリング調査

島中央の製糖工場の近く、赤池のほとりに東北大学試《し》錘《すい》記念碑が建っている。地質学の歴史に輝く世界的な偉業をたたえたものである。

１９３４年と３６年の2回にわたり、東北帝国大学の地質学の研究グループが、この場所でサンゴ礁の掘削（ボーリング）調査を行った。深さは、約４３２メートルに達し、当時の学術ボーリング調査としては世界第2位を記録したことから、世界中の研究者の注目を浴びた。

進化論で知られるチャールズ・ダーウィンが、１８２４年に「サンゴ礁の分布と構造」を著してサンゴ礁の成因について提唱して以来、それを根拠づけるために19世紀後半から20世紀前半にかけて世界

東北大学試錘記念碑

各地の海洋島でサンゴ礁のボーリング調査が競うように行われた。東北帝国大学の調査は、サンゴ礁の生涯を明らかにしようとする学術的な目的で行われた先駆的なものであった。

この時、得られたコア資料からは地表面から約100メートルまでドロマイトになっていることなどが明らかになったが、その後、コア資料は活用されることなく、東北大学に保管されたままであった。

しかし、1990年代に入って、このコア資料に研究対象として再び光が当てられることになり、現在も2400万年前からの島の形成史を解明する研究が進められている。

北大東島が最初に形成されたのは、4千数百万年前まで遡ると推定される。北大東島は現在よりもはるか南で誕生し、琉球海溝に沈み込むフィリピン海プレートに乗って北上を続けてきた。2400万年前から2100万年前までは浮沈を繰り返していたが、その後、島は水没した。水没していた島の上部にサンゴ礁が形成され、600万年前には上昇に転じて現在の地形の基礎が築かれたのである。

1930年代のボーリング調査の深さは、基盤までの深さの半分にしか達していない。このため、コア資料からは2400万年前までしか遡れない。島の形成史の全容を明らかにするためには、基盤にまで達する大規模なボーリング調査が待たれる。

隆起サンゴ礁の地形

南・北大東島は大東海嶺という海底の山脈の上にあり、沖大東島は沖大東海嶺の上にある。これら２つの海嶺を含めた大東海嶺群は、フィリピン海プレートの北西端に位置し、プレート移動に伴って、毎年少しずつ琉球海溝に近づいている。大東海嶺群は、はるか南にあった古い昔に、フィリピン海プレートに沈み込む別のプレートの影響によって形成された地形の高まり、すなわち島弧として成立した。以来、北に移動しながら浮沈をくり返してきた。（口絵「海底地形図」参照）

この島弧の中で比較的高い山が大東海嶺には２つあり、南・北大東島の基盤となった。この基盤の上に、サンゴ環礁が形成され、基盤が上昇したために現在の隆起サンゴ礁の地形が地上に現れたのである。

大東海嶺の山々の中で、南・北大東島のみが極めて高く、その他の山々の頂部とは１５００メートルから２０００メートルの差がある。このため、南・北大東島の間は８キロメートルしか離れていないが、沿岸の２００から６００メートル先で海底は急激に落ち込み、最大水深は１５００メートル以上に達する。海の下も含めて南・北大東島を横から

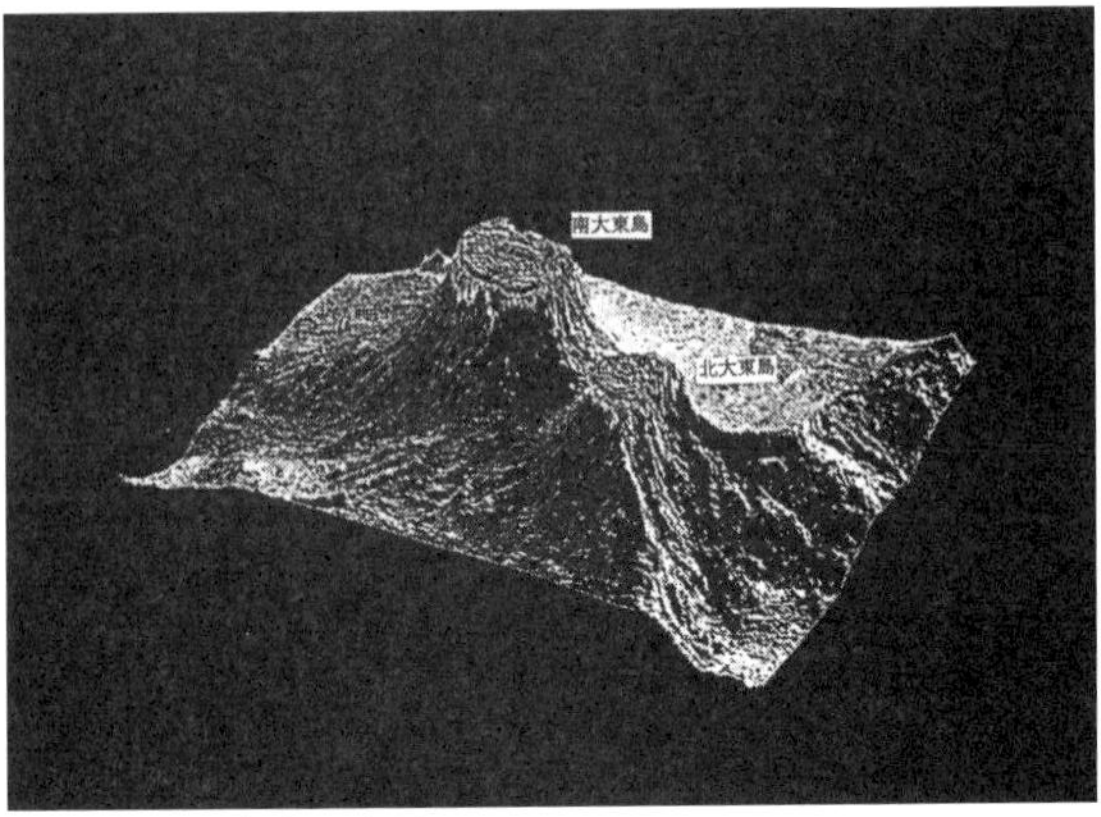

南北大東島の鳥瞰図
北東から俯角 45° で視る。水平、垂直比は 1：4

見ると、島を頂部とした高さ２０００メートル級の円錐が２つ海底に並んでいるとイメージするとよい。

陸地に目を移すと、島は中央の低地を環状の丘陵地が囲む盆地状の地形になっている。環状丘陵地がかつての環礁（環状のサンゴ礁）であり、中央低地がかつての礁湖と考えられる。

中央低地は、東西約２キロメートル、南北約１・４キロメートルの広さで、中央部に池や湿地帯が存在する。

環状丘陵地は幅５００メートルから１・８キロメートルほどであり、外側（海側）と内側（中央低地側）の岩稜が平坦な土地を挟むような形状になっている。内側の岩稜は連続していて、中央低地側から見て「幕」（マクまたはハグ）と

「長幕」（ナガマク）と呼ばれる急な崖

呼ばれ、特に南側は高さ50メートルほどの急な崖が1・8キロメートルにもわたって連なることから、「長幕」（ナガマク）と呼ばれる。島の人々は、幕の内側の中央低地を「マクウチ」または「ハグシタ」、幕の外側の平坦地を「マクソト」または「ハグウエ」と呼んでいる。

環状丘陵地の岩稜は、内側・外側ともに、東部で途切れている箇所があり、礁湖と海をつなぐ水路であったとみなす説もある。

島全体にわたって、ドリーネ（窪地）、カレン（小さな溝）、鍾乳洞、円錐丘などが見られ、石灰岩やドロマイトが侵食されてできたカルスト地形となっている。また、沿岸部にはフィシャー（割れ目）、ノッチ（波食窪）が発達した海食崖があるのが特徴である。水際には幅1から

5メートル程度の狭い波食棚を見ることができる。

また、島中央には、奥行き約150メートルの鍾乳洞「北泉洞」がある。鍾乳石がよく発達し、貴重な洞穴動物も生息していることから、1985年に県の天然記念物に指定されている。現在は落盤の危険が高いため、公開されていない。

北大東島の地形は、隆起環礁を基本としつつ、その後の侵食により、中央低地の深化やカルスト地形の形成が進んで、成立したものであると説明することができる。

全島ドロマイト

南・北大東島は全島がドロマイトで覆われた世界でも類のない島である。その上を、大東島特有のマージ質の赤色土壌が覆っている。

石灰岩は、地表に近いところから深いところへ向けて、新規石灰岩から、新大東石灰岩、古大東石灰岩へと重なっている。新大東石灰岩は沖縄本島の琉球石灰岩と同様であり、更新世（約260万年前以降）に堆積した石灰岩である。古大東石灰岩は更新世から漸新世（約3400万年前以降）に堆積した島の基盤となる地層であり、密度の高い石灰岩である。

南大東島では新大東石灰岩は石灰岩（カルサイト）、古大東石灰岩は石灰質ドロマイトであるのに対して、北大東島では新・古いずれの大東石灰岩も石灰質ドロマイトになっている。ドロマイト dclomite は、化学式 CaMg(Co3)2 で表される炭酸塩鉱物である。ドロマイトは、石灰岩が堆積後に化学的な作用を受けて形成されたものと考えられている。東北帝国大学が実施したボーリング調査により、地表から１００メートルの深さまでがドロマイト化を受けていることが分かっている。

大東マージ

南・北大東島の石灰岩上の土壌は、多くが強酸性を示す赤黄色土であり、県内の主要土壌とは異なる独自のものである。沖縄県内の主要土壌は、一般的に国頭マージ（赤黄色土）、島尻マージ（暗赤色土）、ジャガール（陸成未熟土）の３土壌型に分類されるが、南・北大東島の土壌は、土色は国頭マージに、pH以外の理化学性は島尻マージに近く、分類上混乱が生じてきたため、大東マージと呼ばれることもある。

北大東島では、かつて大規模な燐鉱石採掘が行われた。かつての燐鉱は、凹凸の激しい石灰岩のくぼみを充填していたと記録されており、カルスト地形の窪みに燐鉱が蓄積したものと考えられる。採掘場は、西部の環状丘陵地帯にあったが、鉱山の閉鎖後は放置され、多くは埋め立てられてサトウキビ畑となった。農家は、燐鉱石が分布していた島の北西部の農地の土壌を「リンコージ（燐鉱地）」と呼んでいる。リンコージはサトウキビの発育が良い豊かな土壌として農家の間では知られている。実際に、燐酸が多く含まれ、高い保肥力が認められる。

沖縄県の石・燐鉱石

日本地質学会が２０１６年に定めた「県の石」では、沖縄県の石は、岩石部門ではもちろん琉球石灰岩であるが、鉱物部門では、北大東島、沖大東島の燐鉱石が選ばれている。北大東島の燐鉱石は、島の西側の小高い山（黄金山）とその周辺部に主に分布しており、１９１８年から１９５０年までの間、燐鉱山が島の主要産業として栄えた。

燐鉱石が南大東島には分布せず、北大東島の西側の一部だけで産出されたのは、南・北大東島の中でこの辺りの標高が高く、はるか昔、両島のほとんどが海に沈んでいた時代に、このあたりだけが、陸地になっており、海鳥の糞や死骸が蓄積したためと考えられている。

北大東島の燐鉱石は、このように海鳥の糞などが石灰岩に染み込んで形成されたものである。島の燐鉱石には２つの種類がある。普通燐鉱と言われる燐酸三石灰と、鉄アルミナ分を含む燐酸ばん土である。前者は黄金山山頂付近と黒部岬に分布したが鉱量は少なかった。後者は玉置平と呼ばれる平坦な部分に広く分布し、鉱量が豊富だった。燐酸ばん土は、凹凸の激しい石灰岩のカルスト地形を充填するようにあり、２～３メートルの直径で地下30メートルまでに達する場所もあった。

島に吹く風

大東諸島は、黒潮が流れる暖かい海に囲まれて、亜熱帯海洋性気候に属しており、夏は蒸し暑く、冬でも比較的暖かい。平均気温は、平年値で23・３度、最高は７月の28・５度、最低は１月の17・７度と那覇とあまり変わらない。

年間の日照時間は、平年値で２１２３時間と那覇の１７７４時間を大きく上回り、かなり多い。太陽光発電に向いていると言える。日差しはかなり強く夏場には気温が33度を超えることもある。

年間の降水量は1590ミリ程度と、沖縄県内の他の地域が2000ミリを超えることと比べるとかなり少ない。雨が降らない時期が続き、サトウキビに大きなダメージが生じる干ばつがしばしば発生する。切羽詰まってくると、雨乞いの儀式を行うことある。

風は年間を通じて東風が多く吹く。頻度が最も高い風向は東北東であるが、冬は北東季節風が、夏は南東季節風が吹く。風向きは、島周辺の波の大きさに影響する。風上では岩礁に激しく波が打ち付けて水しぶきが上がっていても、風下では波静かということもある。島人は、風を見て、船の荷役を行う場所や釣りをする場所などを決めてきた。

大東島周辺では、風が想像を絶する猛威を振るうことがある。もちろん、台風である。フィリピン近海で生まれた台風が勢力を強めながら島を直撃すれば、最大瞬間風速が毎秒60メートルを超えることもある。

激しい風と波は、直径1メートルを超える大岩をゴロゴロと動かし、港の荷揚げ場や外周道路の際まで押し上げる威力を持つ。私は、台風が去った後、何十メートルにもわたって、アスファルトの路面がめくれ上がり、陸側にひっくり返っているのを見たことがある。強烈な風圧で路面がメンコのように持ち上げられたのである。

たたきつけるような激しい波

住宅や施設に大きな被害を及ぼす台風であるが、人的な被害は少ない。台風に対する事前の備えと当日の避難が徹底されており、無謀な行動をとる人がいないためである。

台風被害で影響が大きいのは、塩害である。雨が少なく、猛烈な風が吹く台風の場合、巻き上げられた海水が霧のように島中に降り注ぐ。塩の霧をかぶれば、一発で、サトウキビの葉は茶色く枯れてしまう。その時点から成長のやり直しとなり、収穫が大きく減少するのである。

空飛ぶ上陸風景の成立

海上に停泊する貨客船から、人も、車も、荷物も、クレーンで運ばれて空を飛び、島へと上陸する風景は、しばしば、テレビなどでも紹介されてきた。

那覇から旅客と貨物を運ぶ貨客船「だいとう」は、島に接岸することができず、荷揚げ場から数メートルの海上に、四方からワイヤーで固定されて、停泊する。大きな船が入ることができる波静かな港湾がなく、いわば外海に面したままで荷役を行うことになるため、船が安定せず、荷揚げ場に横付けすることが不可能なためである。このため、荷役のたびに、荷揚げ場に移動式クレーン車を設置し、クレーンの先を船の甲板と荷揚げ場の間で往復させながら、荷役を行うのである。

人が上陸する際には（船に乗る際にも）、シースルーの大きなカゴに乗り込み、10メートル近い高さに吊り下げられて、空中を移動することになる。遊園地の人気アトラクション並みのスリルを味わうことができる。

この風景の誕生は、これまで紹介してきた島の独特の地形と強烈な台風に起因する。一つは、隆起サンゴ礁の険しい岩礁が島の周囲を取り囲み、天然の入り江がどこにも存在しないためである。もう一つは、外洋に堤防を張り出して波静かな港を造ろうとしても、ひとたび猛烈な台風に見舞われれば、堤防はすぐに破壊されてしまうためである。

年間を通じて東風が吹くことが多いが、季節によって風向が変わる。船の荷役は、風の

空飛ぶ漁船

影響を受けないように風下を選んで行われるため、まず島の西側に港を造る必要があった。1918年、最初の港として、西港が整備されたのはこのためである。しかし、冬場には北風が多くなり、風は西港にも回り込んでくる。このため、島の南側に港が必要になり、江崎港が整備された。さらに、夏の一時期、南風が強くなることから、北港が整備されることになった。島に港が3つあるのはこのためである。当然ながら、島の東側には港はない。

島の南側の新漁港は漁船が入港できるように掘り込み式で築造されていて、これまでの荷揚げ場から漁船が揚げ降ろしされる風景、すなわち空飛ぶ漁船は見られなくなる。しかし、貨客船が入港できるほどの掘り込み港湾を建造することはスペース的にもコスト的にも困難であることから、貨客船は漁港に入ることができないため、空飛ぶ上陸風景は、これからも大東島の代表的な風景であり続けることだろう。

第3章　日本の食料を支えた鉱石【歴史】

燐鉱石貯蔵庫遺構

旅の日記・その3

西港から集落への坂を登る途中、巨大な廃墟が見えてきた。石積みの壁がそびえ立ち、4つのトンネルの入り口が暗く開いていた。案内板には燐鉱石貯蔵庫の跡だと記されていた。島はかつて燐鉱石の採掘で栄えたのだ。採掘された燐鉱石は、この倉庫に貯蔵され、船が港に着くと積み出されていった。

廃墟の巨大さに、島のかつての繁栄がしのばれる。何よりも、建設機械がなかった時代に、人の手でこれだけの建造物をつくり上げたことに感動を覚える。不意に、当時の人々の熱気が立ち上ってきた。

南洋を目指した冒険企業家たち

南・北大東島の開拓は、明治時代の冒険的な企業家が競うように挑んだ南洋諸島への進出の一つとして捉えることができる。大東島の開拓主である玉置半右衛門は、「南進論」に影響を受けた冒険企業家の一人であり、彼らの背後にはある大物政治家がいた。明治政府の要職を歴任した榎本武揚《えのもとたけあき》である。

榎本と玉置の交流を中心に、大東島の開拓の歴史をひも解いてみよう。

榎本武揚

榎本武揚は、江戸幕府の海軍指揮官として明治新政府と戦い、新撰組の土方歳三《ひじかたとしぞう》らとともに、箱館五稜郭で最後まで抵抗した人物として知られる。海外の事情に明るかったことから、後に許されて明治政府に迎えられ、外務大臣や農商務大臣などを歴任した。榎本は海外に開かれた視点を持っており、特に南洋への進出に強い意欲を持っていた。このため、南進論者の中心的人物として、冒険企業家たちを支援した。

玉置半右衛門は、1838年に八丈島で生まれ、後に大工となり、24歳の頃には江戸幕府による小笠原開拓に従事した。若くして、すでに冒険家としての気質が見える。

榎本と玉置の最初の接点は、小笠原諸島である。榎本の主張により実現した小笠原諸島再領有（1876年）の際に、玉置は官舎の建設業者として再び参加したのである。玉置は、官舎建設に飽き足らず、農地の開墾や生活必需品の独占販売にも手を伸ばした。ここで後の鳥島、大東島における開拓地経営の経験を積んだものと考えられる。

榎本が支援した横尾東作《とうさく》（後に南洋貿易に進出）による硫黄島などへの南洋探検（1887年）にも、玉置は同船している。この船には、南進論者として知られる依岡《よりおか》省三（硫黄島の開拓やボルネオ島の開発に従事）らが乗っていた。この時、玉置は鳥島に途中下船し、アホウドリなどの豊富な資源に注目した。玉置は鳥島の借地権を得て、アホウドリの羽毛採取や糞を原料とした肥料の製造などを行い、巨万の富を得た。

鳥島のアホウドリ捕獲がピークを過ぎる頃、玉置は、農商務大臣となった榎本が創設した遠洋漁業奨励金を得て、船舶・回洋丸を購入し、新たな開拓地を目指して南洋諸島を視察した（1897年）。この時、大東島の存在を知ったとされる。

大東島は1885年に日本の領土に組み込まれたばかりであり、開拓の申請が続出して

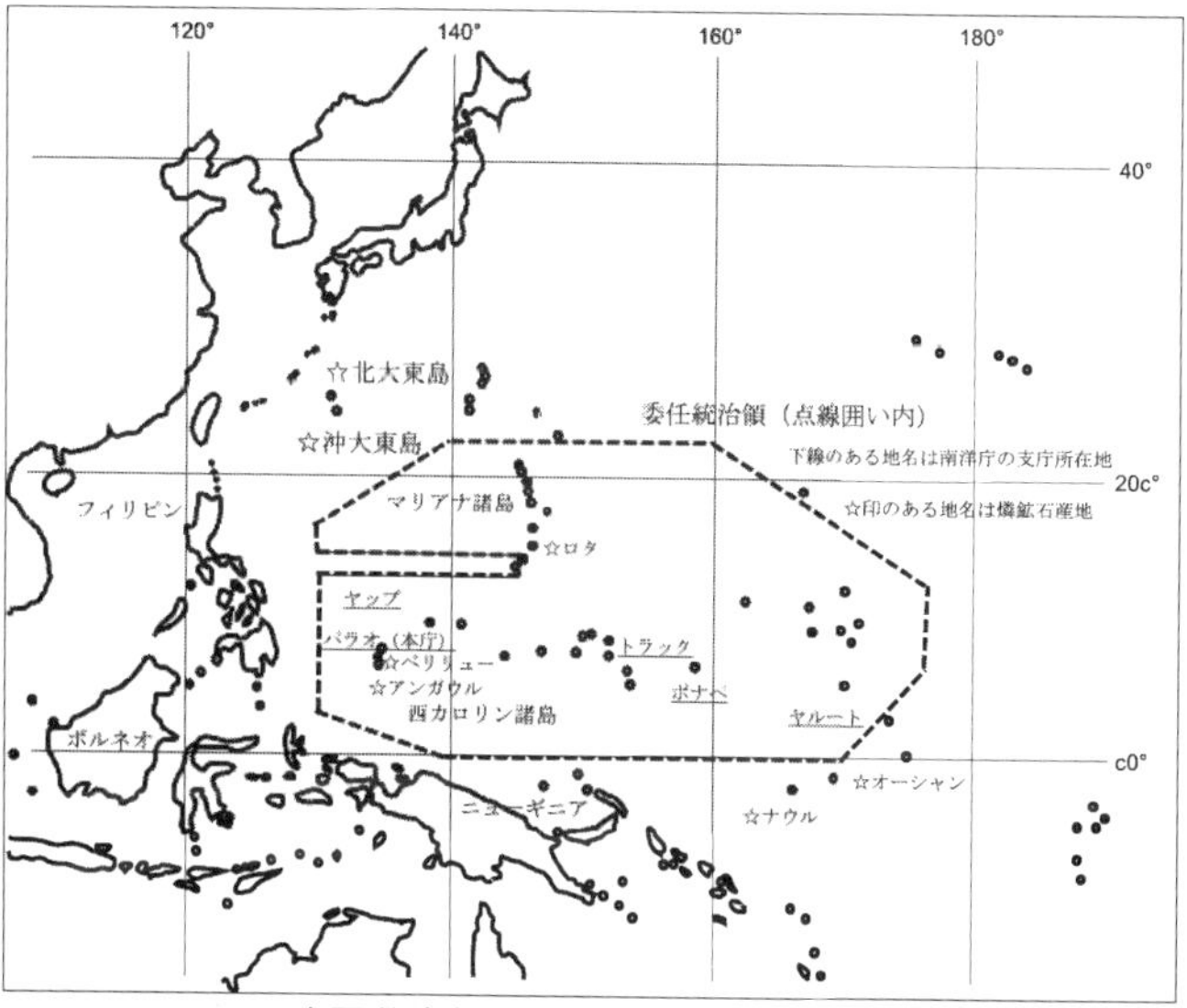

太平洋諸島概略図にみる大東島の位置

いたが、その多くが荒い海に上陸を阻まれ、開拓を断念した。後に尖閣諸島の開拓に取り組んだ古賀辰四郎もこの中の一人である。

玉置は1899年に大東島の開墾を申請し、1900年に八丈島出身者を中心にした開拓団を大東島に派遣し、開拓を実現した。すでに60歳を超えていた玉置自身は開拓団には参加せず、依岡省三が上陸までの団長を務めた。

榎本の南洋進出の大きな企図の中に、玉置は身を置き、多くの知遇を得て、小笠原、鳥島、そして大東島へと島々を切り拓いていったことがわかる。榎本の支援を得て、前述の横尾、依岡らは、さらに太平洋の島々に乗り出し、南洋貿易、南洋開発を拡大していった。

後に、日本は、第一次世界大戦でドイツから得たミクロネシアの島々を委任統治領とし、以降、次第に武力による南進を進めるようになった。その結果、アメリカと衝突し、南洋の島々を太平洋戦争の激戦地に巻き込むこととなった。日本の南洋進出は、こうした暗い歴史の中で語られがちである。

しかし、委任統治以前、すでにミクロネシア全体はドイツ領でありながら、日本人の経済支配下に置かれていた。武力による南洋支配の前に、民間の力で南洋進出は果たされていたのである。榎本の下、玉置のような冒険企業家たちが、夢と野心を抱いて日本の南洋進出の基礎を築いた時代にもっと光を当ててもよいのではないだろうか。

燐鉱山の盛衰

玉置半右衛門がどんな資源に着目して大東島開拓を目論んだかは定かではない。南大東島ではサトウキビ栽培に取り組んだが、鳥島のように再びアホウドリで財を成すことを期待していたのかもしれない。大東島にアホウドリの群れはいなかったが、北大東島では燐鉱石が発見され、玉置は1908年に燐鉱山の開発に取り組んだ。鳥島でアホウドリの糞から肥料製造を行った経験が生きたのかもしれない。燐鉱石は、アホウドリなどの海鳥の糞が鉱物になったものである。玉置の鉱山開発は、技術的に未熟だったために、わずか3年で中止に至った。

北大東島の燐鉱山の開発は、玉置から大東島の経営を引き継いだ東洋製糖株式会社により1918年に再開された。再開時には、すでにラサ島（沖大東島）で燐鉱石採掘が盛んになっており、施設や運営体制はラサ島に学んで整備された。

燐（リン・元素記号P）は、生物の必須元素であり、歯や骨をつくり、生物のエネルギーの源となる。燐は燐鉱石から導かれ、ほとんどが肥料の原料として利用される。燐は、燐鉱石→肥料→植物→動物という順で我々の体に吸収されるのである。動物の糞や死骸が長い時間をかけて燐鉱石となって輪が閉じる。

戦前、1938年を例にとると、燐鉱石の国内消費は92万トンで世界の生産量の1割を占めていた。日本は燐鉱石の大消費国だったのである。このうち、60万トンを海外から輸入し、30万トンをラサ島、北大東島の国内産地とアンガウルなどの委任統治領から賄っていた。30万トンのうち、3分の1が国内産で、北大東産は3万トンほどであった。

戦前、日本は何度か大きな戦争を経験しており、その度に海外からの輸入が厳しくなったため、国内産の燐鉱石は食料安全保障に重要な役割を担っていた。特に、１９２９年から１９３２年までラサ島が生産を中止して以降は、北大東島が国内の主要産地としての役割を担うようになった。１９４２年には7万トンという最大の生産量を記録した。

燐鉱石採掘の隆盛により、北大東島の人口は増加し、１９２８年には２６９０人とピークに達した。

戦後、一時中断されていた燐鉱石の積出が再開され、島は敗戦の落胆から抜け出して活気を取り戻した。終戦時に８００人を切っていた人口は１９４９年には１２００人を超えていた。１９４９年10月13日付の『沖縄タイムス』は「輸出品の首位　北大東のりん鉱かせいだ二〇万ドル　年間二万トンの北大東島の燐鉱は琉球最大の輸出品で、監督官サンチェーズと一八〇名従業員及び住民の孤島における汗の結晶は、ドル獲得の主役となっている」と伝えている。

米軍から派遣された技師たちは張り切って、燐鉱石の採掘や積出に大型機械を導入しようとした。この時、貯蔵庫のトンネルの上部を割って、直接トロッコに燐鉱石を積み込むために施設の改造も行われた。しかし、大型機械による採掘では良鉱を選別することがで

米軍が割ったトンネル痕

きず、北大東産燐鉱石の品質低下を招き、市場の評価を下げることとなった。結局、１９５０年に燐鉱山は閉鎖され、国内で唯一残った産地は失われることとなった。米軍がトンネルを割った痕は、現在も貯蔵庫の遺構に残されている。

会社支配の島

南・北大東島には、１９４６年に村制が施行されるまで、自治体がなかった。島の経営権を得た民間企業が全てを統制していた。製糖業・燐鉱石採掘の運営、社員や労働者の出入りの管理、生活物資の流通、教育・医療・治安などの公的サービスの提供、娯楽の確保など、すべてを民間企業が行った。

玉置半右衛門が創設した玉置商会から、東洋製糖を経て、大日本製糖へと島の経営権は引き継がれて

山成所長のスケッチ画

いった。

　玉置商会の時代には、八丈島からの移民を「島民」「親方」と呼んで、社会の正式な構成員として待遇する一方で、主に沖縄県から導入された労働者を「仲間」と呼んで区別した。商会を頂点に、「親方」「仲間」という3層の階層社会を生み出した。

　東洋製糖・大日本製糖という企業に引き継がれると、南大東島には製糖所、北大東島には出張所が置かれ、それぞれの所長の元で、社員→傭員→小作人（親方）→農夫（仲間）、または、社員→傭員→鉱夫という階層社会に移行していった。

　所長は島の絶対権力者であった。なお、所長が島で最も高給取りであったわけではなく、給料トップは医者であった。

歴代の所長の中に特筆すべき人物がいる。大日本製糖二代目所長の山成不二麿である。山成は、地学の研究者でもあり、在任中も大東島の燐鉱に関する論文を多く著作し、大東島の燐鉱山の発展に大きく貢献した。山成は文化面にも優れ、島のスケッチ画を多く残して、当時の島の様子を知る手がかりを与えてくれる。

会社は強力な権力を持っていて、会社に不都合な者には退島命令を出すこともあった。自然の魚介類も含めて物資は会社に管理された。極め付けは、島内で流通する貨幣さえも、会社が発行したことである。

物品引換券（玉置商会）

会社は、「物品引換券」の名称で、島内のみに通用する実質的な貨幣を発行した。島民にはリスクが高い制度であったが、会社にとっては、島内で流通させるための多額の準備通貨を用意する必要がなく、そのために必要な資金が利子を生んで、大きな利益を生み出した。島を引き揚げる労働者は、交換券の額面に見合った現金を受け取ることができた。

当時の島の経営状況を見てみよう。記録のある１９２６年を例にとれば、北大東島全体の総売上は約40万円であり、鉱業関係が約23万円、製糖関係が約17万円であった。鉱業が約６割を占め、主要産業の位置を占めていたことがわかる。製糖業の17万円のうち、諸経費を除いた約９万円を会社３割、小作人７割で分配した。この結果、会社としての収入は、約26万円となり、この中から、事業のための人件費のほか、学校・医療・治安のための経費を支出していた。

同じ年、人口は２１２６人で、このうち、会社関係者が２０８人、製糖業関係者（小作人・農夫）が１０８７人、鉱夫が６５９人などとなっている。人口面では製糖業関係者が多数を占めていた。

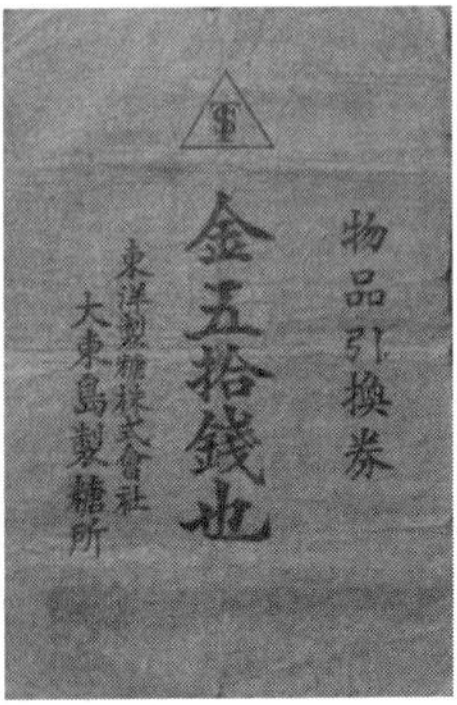

物品引換券（東洋製糖）

北大東島の農地開拓は、玉置商会が燐鉱石採掘を断念した時に始まった。玉置商会の開拓は直営で行なったため、あまり進まなかった。東洋製糖に事業が引き継がれた際に、小作制度に改められ、小作人による開拓が一気に進んだ。

小作制度の導入時期の差は、南大東島と北大東島の

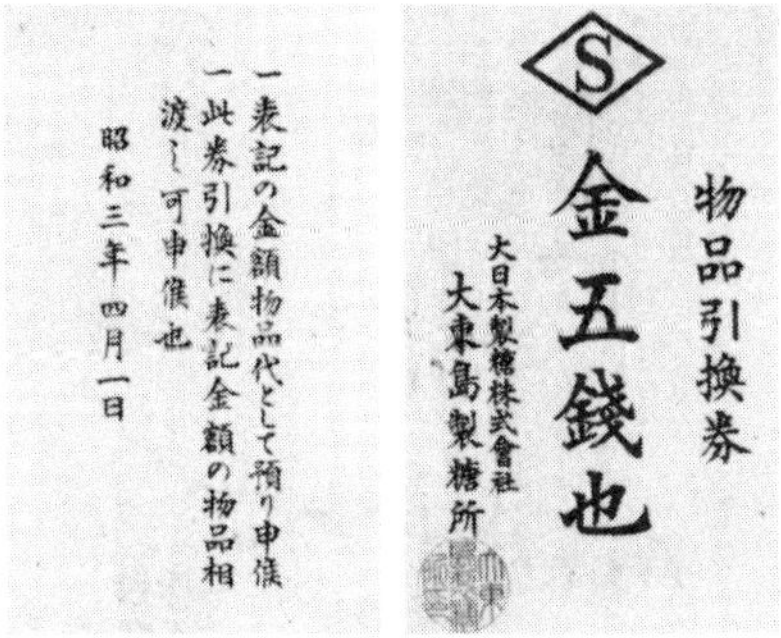

裏　表

物品引換券（大日本製糖）

小作人の間に大きな格差を生むこととなった。玉置商会により最初から小作制度が導入された南大東島では、原料生産は小作人、製糖作業は会社が担うという役割分担があり、小作人は小作料として、原料販売収入の３割を負担すればよかった。この役割分担は、東洋製糖に事業が引き継がれても変わらなかった。一方、東洋製糖により遅れて小作制度が導入された北大東島では、原料生産から製糖作業に至るまですべてが小作人の役割とされ、小作料として売上収入の３割を納める必要があった。北大東島の小作人は、多くの人件費を負担しなければならず、小作料を納めると赤字になるものが多かった。

会社は前貸し金制度により、農家に資金の貸し出しを行ったが、返済は滞った。１９３７年期からは、借金の半額を棒引きにした上で債務回収を行い、１９４４年にようやく完済された。

戦争の傷痕

１９４３年、太平洋戦争の戦況は厳しくなり、大東島にも戦争が身近に迫ってきていた。南大東島に新滑走路が建設されることになると、北大東島からも工事人夫が徴用されるようになった。翌年3月と4月には、燐鉱石の積出船が相次いで潜水艦の魚雷攻撃を受けて、沈没し、多数の犠牲者を出した。数日たっても死体が浮いたという。

１９４４年、太平洋方面の防備強化を図るために、大東諸島に守備隊が配置された。南大東島行き、北大東島行き、沖大東島行きの３隊編成が43隻の大小の船舶に乗り込んで東を目指した。途中、潜水艦の攻撃を受けて18人が戦死したが、4月、守備隊は南・北大東島に上陸した。7月に部隊が増強されて、北大東島の守備隊は、須永力之助隊長以下、1個大隊１０１０人となった。また、9月には５１９人の海軍部隊が上陸した。

守備隊の上陸後から、残留を指示された者以外は続々と引き揚げを始めた。8月にはまず社員らが内地へ、次いで沖縄本島へと引き揚げが続いた。沖縄の故郷に戻った者もいたが、敵の上陸は必至と考えて、沖縄から疎開を引き受けていた大分や宮崎へ向かった者もいた。八丈島出身者で疎開する者は少なかった。敵潜水艦が横行するようになると、ポンポン船で船団を組み、引き揚げ者を送った。行く者もとどまる者も今生の別れと涙したという。

最初は沖縄本島への直行便があったが、後には奄美大島の古仁屋を経由した。古仁屋では空襲にあって、船が沈没し、死亡・負傷した者もいた。多くは沖縄本島に渡れず、古仁屋にとどまった。大島から小舟で本島に向かい、国頭の西岸で銃撃を受けて死亡した者もいた。

本島に渡った者も沖縄戦に巻き込まれて死亡し、生き残った者も収容所生活や食糧難に苦しんだ。九州や奄美大島に渡った者も、食糧難、冬の寒さに大変苦しい思いをしたという。引き揚げは１９４５年３月まで行われ、２０００人近くいた島民は最終的に７００余人まで減少した。この結果、守備隊の人数が島民の数を大きく上回ることになった。

軍が最も力を入れたのは陣地の構築で、島民も総出で駆り出された。特に水際陣地には力を入れた。渚の要所に、岩礁をくりぬいて海に向かう銃眼を設けたものである。また、自然の洞窟を防空壕に利用するほか、島の中央を囲む岩稜（長幕）のふもとが比較的柔らかかったので、あちこちに退避のための壕を掘った。通行のための戦車壕や幹線交通壕も

守備隊本部壕の跡

張り巡らされた。黄金山の中腹の掘割道に掘られた本部壕は、現在でもほぼ完全に残っており、学校から移された御真影（天皇陛下の写真）を安置した棚を確認することができる。

戦時色が濃くなる中でも、軍の演芸会などの楽しみもあった。戦争一辺倒というわけでもなかった。1944年11月には大神宮祭を催行し、神輿をかつぎ、角力、芝居などを楽しんだ。翌年2月には、海の安全を祈願して、金刀比羅宮の建立を開始した。守備隊の協力を得て作業を進め、5月には完成した。

1944年8月より、何度も敵機の飛来があり、警戒警報、空襲警報がひんぱんに出された。沖縄十・十空襲の際には、空港のある南大東島も空襲被害を受けた。

翌年1月には敵機来襲に対して、高角砲で応戦し、撃墜したこともあった。

３月からは本格的な空襲が始まり、南大東島はたびたび空襲を受け、重大な損害を被った。北大東島にも南大東襲撃の流れで数次の銃撃があり、社宅、発電所などが被害を受け、製糖工場の一つが全焼した。島民一同が死を覚悟し、別れの杯を交わした夜もあった。

米軍が沖縄本島に上陸した4月、南大東島では、米軍の飛行機を撃墜した報復として熾烈な艦砲射撃を受け、この時、北大東島でも始めて艦砲射撃の被害を被った。貯蔵庫、製糖工場が大破し、砂糖倉庫が全焼した。5月から6月にかけても空襲は続き、爆撃により事務所、倉庫が被害を受けた　現存する出張所や発電所の遺構の壁には、銃弾の痕が残っている。

6月23日、沖縄の組織的戦闘は終結し、8月15日、終戦をむかえた。

島に残った住民に犠牲者が出なかったのは幸いだったが、住民は虚脱状態に陥り、不安な毎日を送っていた。陸海軍将兵が引き揚げ、日々の生活をとりもどしていったが、家族を疎開させた者は、常に家族の安否が脳裏から離れなかった。各戸とも黒糖は相当の在庫品があり、男達は自由に酒を作って、夜ともなると集まって酒を飲み、心の憂さを晴らした。

１９４６年２月に、燐鉱の積出しが始まると、人心も徐々に落ち着きを取りもどし、島

露天掘りの採掘場

に活気が出て来た。

北大東島燐鉱山遺跡の価値

北大東島の燐鉱山は、第一世界大戦から第二次世界大戦に至る激動の日本で、ラサ島とともに、国産の燐鉱石を供給し続けた主要産地であり、戦後は国内唯一の産地として1950年まで稼働した。戦時・非常時に、海外産の燐鉱石の輸入が滞りがちになる中、食糧生産を支える肥料の原料供給に貢献したことから、食糧安全保障に果たした役割は大きい。

ここで、簡単に北大東島の燐鉱山の全体像を見ておこう。

燐鉱石は、起伏の大きい石灰岩のカルスト地形

日乾しのため堆積させた燐鉱石を牛がひくスキで掘り起こす

貯蔵庫内の
積み出し用
トロッコ

を覆うように分布しており、地表面に露出している部分から掘り進め、次第に大きく深い穴を階段状に形成していくという露天掘りの方法で採掘は行われた。深い部分は20メートルにも達した。

燐鉱石は、水分を多く含んでおり、火力式のロータリードライヤー、日光乾燥のための堆積場などで、乾燥させる必要があった。採掘場や堆積場から港周辺の施設まではトロッコの線路が張り巡らされ、牛やガソリン機関車がトロッコを牽引して燐鉱石を運搬した。

乾燥が終わった燐鉱石は海岸近くの巨大な貯蔵庫に保管された。高い建屋の上部から燐鉱石を下に落として蓄積する形の倉庫になっており、さらにその下部にはトンネルが何本か設けられていた。トンネルにある取出口のレバーを引くと、積み重なった燐鉱石が取り出し口からこぼれ落ち、トロッコの中に流し込まれるようになっていた。

積出船が港に着くと、貯蔵庫からトロッコで近くの張り出し桟橋へと運んだ。桟橋の先端には鉄製の連結された長い漏斗《ろうと》が海まで垂れ下がり、バネ式のトロッコの箱を跳ね上げると燐鉱石は漏斗の中に流し込まれ、海上の艀《はしけ》(運搬用の小舟のこと)が流れ落ちてくるものを受け止めた。荷役は請負制だったため、艀の人夫は漏斗の先端をつかもうと、先を争ったという。沖合の積出船は、艀から荷を受け取り、内地に運ぶために島を離れていった。

積み出し桟橋。海上の艀（運搬用の小舟のこと）が
流れ落ちてくる燐鉱石を受け止めた

海上の船との間で艀による荷役が行われた

一方、生活物資や建設資材などの荷役は、西港の荷揚げ場で行われた。険しい岩礁が囲む島の周囲には船を近づける港を作ることが困難であったため、海面からかなり高い位置にコンクリートで広い荷揚げ場を造り、３本の太いマストと滑車と巻揚機を組み合わせたクレーンを設置して、海上の艀との間で荷役を行った。

北大東島には、現在もこれら一連の燐鉱石生産施設が遺跡として残されている。採掘場の多くは、農地やため池に変わったが、それでもかなりの面積の採掘場跡が旺盛な植物に覆われて残っている。トロッコの線路やトンネルも密林の中に佇んでいる。

貯蔵庫を始め、積出用の桟橋、ドライヤー、堆積場、西港の荷揚げ場、艀のための船揚場など、百年近く前に建造された施設が、役目を終え、風雨にさらされ風化・損傷しながらも遺構として現存している。

戦前の日本の食糧生産を支えた燐鉱山の一連の生産施設を今に伝える遺跡は、北大東島以外には、もう国内に残されていない。ラサ島は、戦争と同時に放棄され、現在は米軍の射爆場となっており、燐鉱山の遺構はほとんど残っていないし、近づくことさえも許されていない。明治から大正にかけては南鳥島や石川県の能登島で採掘が行われたが、いずれも短期間に終わり、昭和に入っても与論島や波照間島で燐鉱山が開発されたものの、これ

燐鉱山の遺跡が残る字港を俯瞰する

現在の採掘場。トロッコの線路やトンネルの跡も密林の中に佇んでいる

らも長くは続かなかった。いずれの鉱山も痕跡はほとんど残されておらず、ただ波照間島に採掘場の大穴と横坑の遺構がひっそりと残っている。

　北大東島の燐鉱山の遺跡は、文化財として非常に貴重なものであり、２０１７年2月に国の史跡として指定された。

集落景観の保全・活用

　燐鉱山に隣接して字港《あざみなと》の集落がある。島で集落らしい住居のまとまりは、この字港だけである。中央の字中野には、役場をはじめ公共施設のまとまりはあるが、集落とは呼べない。字港以外の一般の住宅は、所有するサトウキビ畑に隣接して建てられ、島全体に分散している。

社宅街全景

かつて北大東島は燐鉱山を中心に発展したため、島を支配する会社の社宅街、鉱夫の住む村がその近くに集まった。この社宅街が現在の字港の原型になっている。

かつての社宅街には、島の頂点に位置する北大東島出張所（売店を併設）を中心に、病院、巡査駐在所、発電所、通信所、倉庫群、社員用倶楽部（娯楽施設）、傭員用倶楽部、社員用風呂場、テニスコート、野球場といった業務・福利厚生施設が建設され、所長住宅・医師住宅をはじめ、長屋建ての社宅が数多く整備されていた。会社とは別に、魚市場などの商業施設を開業する者もいた。

社宅街は整然と区画され、ドロマイトの石垣に囲まれた和風の社宅が立ち並ぶ独特の景観を有していた。所長住宅は凝った造りの寄棟の純和風住宅で、和風の庭も備わっていたという。大切な宴会は、所長住宅で行われた。

鉱夫用の村は、社宅街の北側と南側にそれぞれ発展し、下坂村、大正村と呼ばれた。会社は、鉱夫用の風呂場、独身者用の宿舎・食堂などを整備した。

学校や農務係の事務所（売店を併設）は、島の中央の池の沢に設けられ、この辺りが後に字中野の公共施設が集まる地区となった。農家の住居は現在と同様、島全体に分散した。戦前の農家は5つのまとまりに分けられ、それぞれの中心に、共同で経営する製糖工場があった。現在、製糖工場は字中野の大型工場に集約されている。

このように、西港近くの社宅街周辺は、島一番のにぎわいのある地区となり、夜も煌々《こうこう》と灯りがともる電気の通じる唯一の場所でもあった。

現在の字港の集落とその周辺には、当時の施設が数多く残されている。出張所、傭員倶楽部、発電所、社員風呂場、倉庫群、鉱夫用風呂場などは戦争やその後の風化により破損が進んでいるものの、遺構として残っており、当時を偲ぶことができる。また、社員倶楽部、魚市場、社宅群の一部は、現在も住居や民宿として使用され、ほぼ原型に近い姿をとどめている。また、すでに社宅自体は建て替わってしまっていても、敷地を囲んでいたドロマイトの石垣が集落のあちこちに残り、独特の景観をとどめている。道路の位置や敷地割りも集落の成立当初の形をよく伝えている。

これらのかつての社宅街の遺構は、隣接する燐鉱山遺跡と同様に、国内唯一の現存する燐鉱山関連の遺構群として大変貴重であり、また、大東島という絶海の離島に開拓民が定住した歴史を伝えるものとしても重要な価値を持っている。

幾つかの遺構はすでに国の登録文化財として位置付けられているが、今後は集落全体として、独自の景観を保全し、再生し、島の発展のために活用していく必要がある。

このため、北大東村では、２０１５年４月より景観条例・景観計画を施行し、字港の集落を重点地区として位置付け、ドロマイト風の石垣や緩やかな勾配の屋根などを維持し、増やしていくことで、字港の独自の集落景観を守り育てる取り組みを進めている。また、２０１８年６月には字港地区全体が、重要文化的景観という国の文化財として選定されることが決まり、字港の集落景観の保全・再生・活用には国の強力なバックアップが期待できる。

かつて、島の中心的な存在であった北大東島出張所の建物は、戦争で破壊され、永らく外壁のみの廃墟として放置されてきた。字港の集落景観を重視する機運が高まる中、２０１３年より、外壁を補強・保全した上で、内部に新たに建築物を整備し、かつての外観を復元する取り組みが始まり、２０１５年に完成した。現在は、りんこう交流館として、燐鉱山遺跡に関する展示や海のレジャーの案内を担う施設となっている。交流館の中には２０１６年に島人酒場「トロッこ」が開店し、夜な夜なにぎわいを見せている。かつての社宅街の夜の灯りが復活したかのようで、感慨を覚える。

このように、社宅街の遺構は、ただ保存・復元して眺めるのではなく、現代に生きる島の人々や観光で訪れる人々に役立つ施設として活用していくことが重要である。人の生活と生業のないところで、集落景観を守り育てることは不可能なのだから。

第4章　フルーツコウモリとハートのシダ　【生物】

海の恵み

旅の日記・その4

港の荷さばき場は海面から5、6メートル以上の高さまで垂直に立ち上がっている。端からのぞくと、海は底まで透き通っていて深さがよくわからなかった。

地元の釣り人が糸を垂れていて、カラフルな熱帯魚が撒き餌に群がっていた。大小の魚が幾層にも重なっている様子から意外に深そうだ。

少し離れたところに、年季の入った釣り人がいて、仕掛けから大きな魚を狙っているのがわかった。あれは、マグロを狙っているのだと近くの釣り人が教えてくれた。年に何本かは陸からマグロが釣れるのだという。

沖にはウミンチュの漁船が浮かんでいた。彼らは確実にマグロを釣って帰ってくるのだろう。

外海のただ中に浮かぶ大東島の生命力を感じた。海は、島を他の陸地と遠く隔ててきた。おそらく、島には独特の生命が育まれてきたのだろう。貴重な生き物たちは、簡単には顔を出さないだろうが、島のどこかに息づいているはずだ。

2つの国指定天然記念物

北大東島には、国の指定を受けた天然記念物が2つある。「ダイトウオオコウモリ」と「長幕の崖錘《がいすい》及び崖壁《がいへき》の特殊植物群落」（以下、「長幕」という。）である。

ダイトウオオコウモリは、クビワオオコウモリの仲間で南・北大東島固有の亜種である。オオコウモリの仲間は、果物などを主食とすることからフルーツコウモリともいわれる。両翼を広げると約80センチにも達する大型で、顔・脚は暗褐色、頭・胸・腹は白色で、首輪のような金色の毛が特徴である。文化庁が運営する「文化遺産オンライン」には、「わが国のオオコウモリ中最も美しい」と記載されている。開拓以前から島に棲む唯一の

ダイトウオオコウモリ

哺乳類であり、貴重なことから、１９７３年に国の天然記念物に指定された。

昼間はビロウなどの高木に群れをなしてぶら下がり、夜間に果実や花を求めて活動する。イヌビワ、ガジュマル、シマグワ、フクギ、コテバシイなどの実を食べたり、ダイトウビロウ、アオノリュウゼツラン、ココヤシの蜜を舐めたりする。海を渡って、南・北大東島を行き来していることが１９９０年の調査で分かっている。

島の整備が進む中で、生息数の減少が心配されている。環境省の那覇自然環境事務所が２０１３年に行った南・北大東島での一斉カウント調査では、生息数は両島合わせて約３００頭とされている。同事務所は、10年前に行った調査とほぼ同数であるが、これ以上減らさないために、ビロウなどのエサとなる植物の植栽が必要だと提言している。開拓以前は、ビロウなどの原生林が島全体に広がっていたが、開拓とともに次第に失われ、一部に残されているだけである。ダイトウオオコウモリが好む木を植栽・定着させるための効果的な方法を検証し、島の景観づくりの政策と連携して、植栽計画を立案する必要がある。

もう一つの国指定天然記念物「長幕」は、中央低地を取り囲む岩稜の南側、高さ50メートル、長さ1・8キロメートルにわたる切り立った崖のことである。ここに残されている自然植生が貴重なことから、１９７５年に国の天然記念物として指定された。

ダイトウビロウ

1903年の開拓以前、島の植物はダイトウビロウ、アコウ、タブノキ、ハゼノキ、ダイトウシロダモ、ガジュマルなど多種の中高木が原生林を構成し、コケ類、シダ類が大木の樹肌を覆い、ツル科の植物が枝々に絡んで、林の中は昼間でも暗く、幻想的な風景であったと伝えられている。このような島の原初の植生を長幕の植物群落から推測することができる。

長幕の頂部・崖壁には、ヒレザンショウやダイトウワダンなど、本来海浜に生息する植物が多数分布し、長幕がはるか昔に海浜近くにあった可能性を示している。崖錘（斜面の下の部分）には、ダイトウビロウ、タブノキなどの中高木とともにシダ類などの下層植物が見られ、原初の植物相を推定するための大きな手がかりを与

ヒメタニワタリ

えてくれる。

なかでも、1972年に発見されたヒメタニワタリは、従来、小笠原諸島特産とされていたものであり、植物地理学上、小笠原諸島と大東諸島が近しい関係であることを示す貴重な情報を与えてくれる。ヒメタニワタリは、ハート形の葉を持つ可愛らしいシダ植物である。

島で育つ植物

原始からの植生は開拓によってほとんどが失われたが、中央低地を囲む岩稜周辺、池・湿地帯周辺などに現存する樹木に姿を留めている。特に、長幕には自然林に近い植生が残っており、先に述べたとおり、国の天然記念物の指定を受けている。また、島の中央部には、高さ8〜10メートルのダイトウビロウの純林が生育しており、村の天然記念物に指定されている。

赤池周辺にはアダンが繁茂しており、中央低地がかつてのサンゴ環礁（ラグーン）であった名残とも考えられる。このアダン群落には、２００９年に北大東島固有の新種として発見されたホソミアダンがある。島の観光ガイドを務めている大城リエ子（当時の旧姓）が珍しいアダンだなと思い、専門家に相談して、新種として確認されたものである。この他、アラゲタデ（絶滅危惧ⅠB類）、ナガバアサガオ（絶滅危惧ⅠA類）、クロミノシンジュガヤ（絶滅危惧Ⅱ類）は、南・北大東島のみ（ナガバアサガオは北大東島のみ）に分布する湿地帯の植物である。

ホソミアダン

海岸岩礁地帯には、オオソナレムグラ、ウスジロイソマツ、ダイトウワダンといった大東島の固有種やボロジノニシキソウ（絶滅危惧Ⅱ類。国内では南・北大東島のみに分布）、アツバクコ（準絶滅危惧。国内ではほかに小笠原諸島に分布）などの貴重な植生を始めとして、ハマゴウ、モンパノキなどの岩礁植生が発達している。

ダイトウワダンの大きな群落が空港北側に発達しており、ウスジロイソマツ、ボロジノニシキソウの群落は東海岸にしか見られない。また、毎年5月頃に野生化したテッポウユリの群落が海岸岩礁地帯に出現する。

これら以外の島の土地は、ほとんどがサトウキビを中心とした耕作地で占められている。サトウキビ畑の周囲には、開拓以来、植林されてきた防風・防潮林として、リュウキュウマツ、モクマオウ、フクギ、テリハボクなどがある。ゲットウもかつては防風林として育てられたものだが、現在は特産品の原料として活用されている。

岩礁の内陸側は、ススキが優先する草原によって広く覆われている。また、集落、耕作地の周辺にはギンネムが優先する林が見られる。ススキ、ギンネムはともに移入種である。ギンネムは、戦後、失われた緑を効率的に回復する目的で導入されたものだが、繁殖力が大きく、勢力範囲を拡大させている。景観的には美しいものではなく、本来の生態系とも合わないので、駆除することが望ましいが、大変な労力を要する。燃料として使用したり、炭に加工したりと、効果的な活用方法があれば駆除が進むと思われる。さらなる研究が必要である。

ダイトウコノハズク

島に棲む動物

鳥類については、留鳥は14種と少なく、種類は他の琉球諸島と共通している。メジロ、コノハズク、モズ、イソヒヨドリなどがいる。渡り鳥としては、ツバメ、キセキレイ、ムネアカタヒバリ、キマユムシクイ、アトリなどが飛来する。水辺には、カイツブリ、サギの仲間、ガンカモの仲間、シギの仲間、クイナ、バンなどが生息する。

ダイトウミソサザイ、ダイトウヤマガラ、ダイトウハシナガウグイス、リュウキュウカラスバトはすでに絶滅したとされている。現存する固有亜種は、ダイトウコノハズク（絶滅危惧ＩＡ類）、ダイトウメジロ、ダイトウヒヨドリ、ダイトウカイツブリ（3種とも準絶滅危惧）の4種である。ダイトウコノハズクについては、北大東島ではすでに絶滅した可能性が高く、個体数の減少が心配されている。ダイトウオオコウモリと同様、ビロウの植林などにより繁殖環境を回復させることが望まれる。

移入種として、1975年にサトウキビ畑のバッタの駆除のために放鳥されたニホンキジが繁殖しており、害鳥化している。

哺乳類は、ダイトウオオコウモリ（絶滅危惧ⅠA類）、クマネズミ、ニホンイタチがいる。ダイトウオオコウモリは開拓以前から生息している唯一の哺乳類である。クマネズミは、開拓により南大東島に移入されて繁殖したものが、さらに北大東島に移されたものである。ニホンイタチは、ネズミ駆除のために1965年から3カ年で195頭が移入され、繁殖したものである。

両生類ではミヤコヒキガエル、爬虫類ではホオグロヤモリが数多く認められる。ミヤコヒキガエルも1921年に南大東島に蝿退治のために移入さたものが、北大東島にも伝わったものである。大東諸島のオガサワラヤモリは、絶滅のおそれのある地域個体群に位置付けられている。

北大東島の昆虫は約200種以上にもおよぶ。南・北大東島の固有種には、ダイトウヒラクワガタ（絶滅危惧Ⅱ類）、ダイトウマメクワガタのクワガタ2種がある。貴重種としては、ダイトウヒメハルゼミ（絶滅危惧II類）、フタホシコウロギ、アサギマダラが生息している。

豊かな海の生物

大東島周辺の海域には、マグロ、サワラ、ソデイカなどの回遊魚が豊富に存在し、漁業の主な対象となっている。豊富なムロアジが生き餌として捕獲される。マグロは主にキハダ、サワラはオキザワラ（カマスサワラ）である。この他に、クロタチカマス（現地呼称はナワキリ）が漁業の対象魚となることがある。その漁の際に、外道としてアブラソコムツ（現地呼称はインガンダルマ）が揚げられる。この他に、カツオ、カジキマグロ、ロウニンアジ（ガーラ）なども回遊しているが、漁業では対象としていない。

ユウゼン

12月から2月にかけては、回遊するザトウクジラを目撃することがある。沖縄では大東島周辺にしか生息していないユウゼンをはじめ、ウミガメ、カッポレなどを見ることができる。

沿岸部の根付き魚としては、色とりどりのタイやカワハギの仲間などがいる。沿岸部には、タコ、シャコガイ、イセエビが生息する。

岩礁の生き物として、カサガイの一種であるヨメガカサが数多く生息する。八丈島の方言で「ヒラミ」といい、大東島でもそう呼んで、食用のために採取する。

役牛・乳牛・闘牛

1980年ごろまでは、山羊をはじめ、肉用牛、乳用牛、豚、水牛、馬など、様々な家畜がいた。1981年の記録ではそれぞれの頭数は、山羊329、肉用牛139、乳用牛15、豚59、水牛9、馬1となっている。それ以前には、採卵鶏や家兎も飼われていた。現在は、島では山羊のみが飼育されているが、かつて、島の人々にとっては、牛はとても重要な存在であった。

戦前、牛は様々な役割を担うマルチタレントであった。製糖工場の圧搾機械の動力となり、農地を耕運し、燐鉱石を運ぶトロッコを引っ張り、日乾した燐鉱石のスキ起こしを担

闘牛場（1986年）

い、水瓶や人を乗せた荷車を引いた。鉱夫村の近くには、乳用牛の牧場があり、牛乳を販売していた。ぜいたく品なので、社員ではない労働者が購入するのは、病人用・子ども用に限られていた。もっとも多い時には700頭もいたが、機械の導入により次第に減少していった。

戦後、農協が牧場を整備して、肉用牛の仔牛の飼育を行い、農家への普及を図ったが、島外に出荷すると買い値に不満があっても島に持ち帰ることが困難なため、買い叩かれて商売が成り立たなかった。このため、肉用牛の牧畜は次第に衰退した。搾乳した牛乳の販売も1970年代後半に行われたが、その後はない。

戦後、牛がもっとも活躍したのは闘牛である。戦前から農家の人々は、空き地に闘牛場を設け、農閑期の楽しみとして自慢の牛同士を闘わせていた。戦後は正月の闘牛大会が定番のイベントとなり、大変な人気があった。

北大東島出身の牛は本島の闘牛でも活躍した。1961年には北大東島からスカウトされた荒岩号が、初出場で時の横綱を破り、わずか1年で横綱にのし上がった。この他にも、大東アコウ、大東マギー、中原サイヨー、栄野比トガイー、大力号といった牛が活躍した。1986年には、現在の月桃工場の場所に本格的な闘牛場が完成したが、農業の機械化の進展で牛を飼う人が少なくなり、娯楽の多様化もあって、闘牛は行われなくなった。

大東の自然を食べてみました

北大東島の自然に生きている生物を、自分で採取して、食べてみた。

私の大好物は、ヒラミと呼ばれる貝である。カサガイの一種で、直径2センチ前後の円錐形の殻を持っていて、波打ち際の岩礁地帯に生息している。岩場にしっかりと張り付いているので、マイナスドライバーなどで少し隙間を開けて、採取する。

ひっくり返して、身をほじって、刺身でつるっと食べる。潮の香りがして、極小のアワビといった味わいである。何個でもいける。バーナーで軽く炙ると、味がより濃厚なる。味噌汁などに入れると濃厚なダシが出て、とても美味い。

ヒラミ

海の近くで自生するカイガンナッパ（ツルナ）という野草も美味い。ちぎって、そのまま口に入れると、少し塩気があってシャキシャキとした歯ごたえがある。サラダにも使えるけれど、さっと茹でて、おひたしにしても良い。台風などで貨客船の入港が途絶えると、島では途端に物資が不足するが、特に、食料のうち、冷凍が難しい生鮮野菜が極端に不足する。カイガンナッパは、栄養不足と便秘を解消する強力な味方であった。

釣った魚をその場でさばいて刺身で食べるのは最高の楽しみの一つである。ムロアジが群れでやってくれば、入れ食いとなり、釣れた先からさばいて刺身にする。醤油をぶっかけて、豪快に食す。新鮮な歯ごたえの後に、ほのかに甘さが感じられて、これも美味である。

自分で釣ったわけではないが、漁師が釣ったばかりのマグロの心臓を分けてくれたこともあった。これもそぎ切りにして刺身で食べる。コリッとした歯ごたえが特徴的である。魚の内臓は、漁師のものである。漁師に直接頼まなければ、市場で入手することはできない。一度、漁師から分けてもらった、サワラの白子を炙って食べたことがある。忘れられない濃厚な味だった。

第5章　離島苦に克つ知恵と技術　【生活】

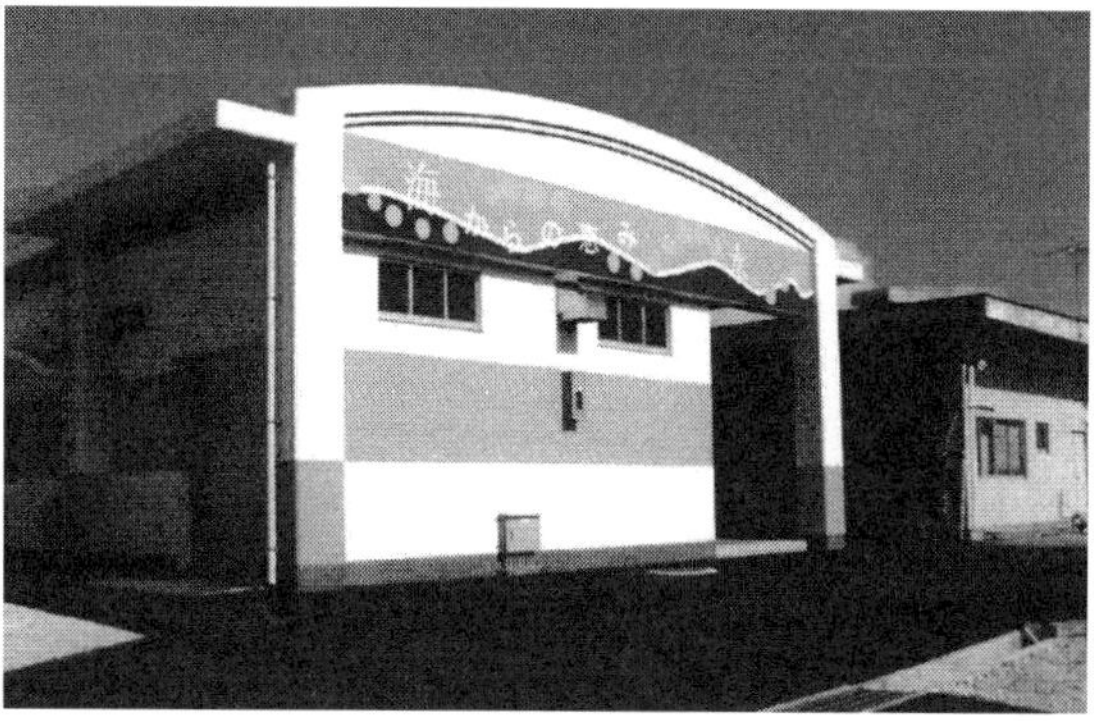

海水淡水化施設

旅の日記・その5

水道水が美味しいと思った。川が流れていない離島でどうやって飲料水を確保しているのだろう。島の人に聞くと「カイスイタンスイカ」のおかげだと聞いた。

「……?」海水を真水に変える施設があると説明されて、ようやく「海水淡水化」とわかった。美味しいワケは依然としてわからないが。

そういえば、携帯電話も島のどこでもつながる。宿では無線LANも問題なくつながる。テレビ放送も地上波、衛星放送ともに本島と違いはない。

水や電気やガスを整え、医療や教育を充実させるにはどれだけの苦労があっただろう。いまや必須とも言える情報通信を確保するために、どんな技術が駆使されているのだろうか。普段は当たり前のことに、不思議に疑問が湧いてきた。

貯水タンクのコイ

離島では飲み水の確保がなんといっても一大事である。

島に川はなく、池沼はわずかにあるが飲料水には適さない。中央低地では井戸を掘れば水が出てくるが、これも塩分を含んでいて、飲料水には向かない。

このため、飲料水の確保には、長い間、雨水をためるタンクを用いてきた

戦前、会社は社宅街や鉱夫村にコンクリート造の貯水タンクを多数設置した。傾斜をつけた広場にモルタルを貼って、流れ落ちてくるところに取水口を設けて、タンクに流し入れる工夫をした。水は貴重だったので、社員用、鉱夫用

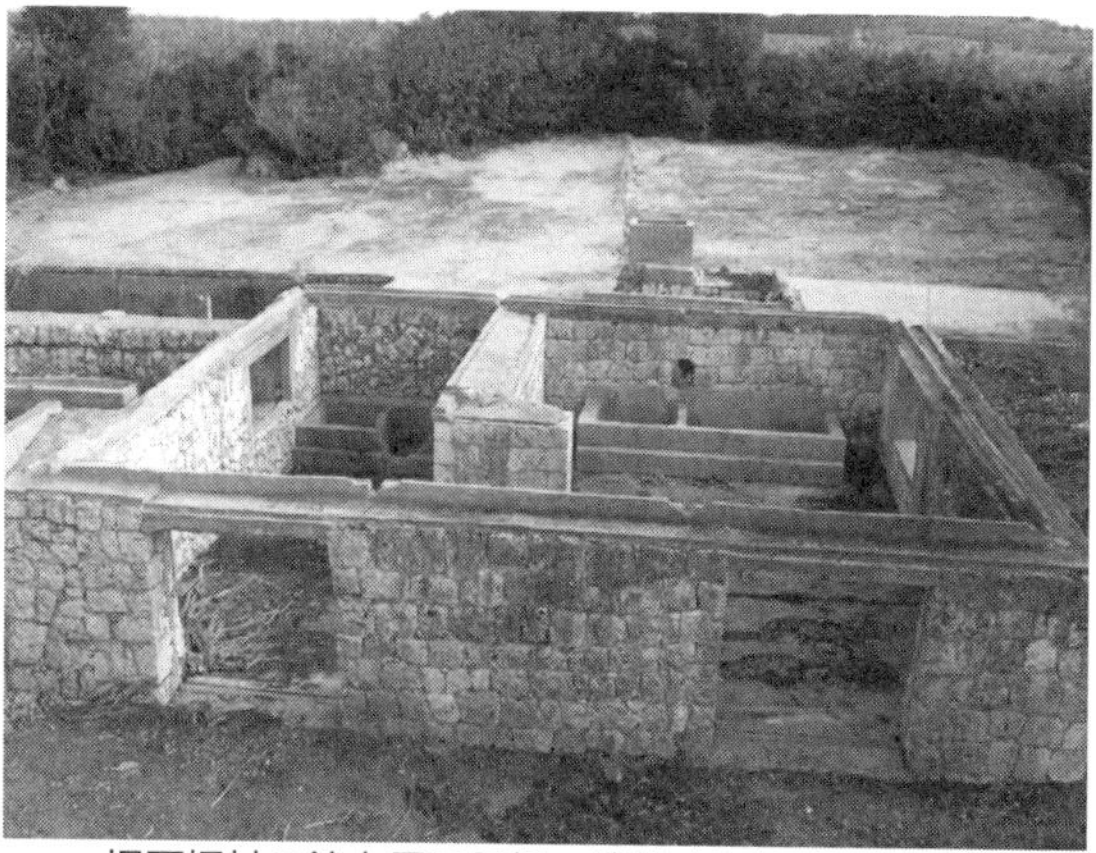

旧下坂村の鉱夫用風呂場の遺構（上部が取水場）

の風呂場が設けられ、共同で使用した。現在でも、鉱夫村の風呂場とともに、貯水タンクと取水場の遺構が残っており、当時の様子を知ることができる。

農夫は、自前でタンクを用意して主に飲料水に用いた。牛馬用には池や井戸の水を利用した。茅葺の屋根で受け止めた雨水をタンクに貯めていたが、茶色くて少し臭ったという。衛生的とは言えないが、タンクに鯉を1、2匹放している人が多かった。ボーフラの発生を防ぐとともに、水の異変にいち早く気づくためでもあった。

戦後は民家でも鉄筋コンクリート造のタンクを設けるところが多くなった。琉球政府時代に補助金を得て、字ごとに一つずつ建造した共同のタンクが現在も残っている。

貯水タンクに頼っていた時代には、節水を心がけていても、雨が降らない日が続いて水ききんに悩まされることがしばしばあった。このため、海水淡水化施設を建造し、簡易水道を整備することとなった。1985年に送水が開始され、島の人々は長年にわたった水を確保する苦労からようやく解放された。

深さ50メートルの海岸の深井戸から日量940トンの海水を取水し、逆浸透法一段脱塩法により淡水に変換する施設を全自動の管理システムにより運転している。造られた水は、厚生労働省の「おいしい水の要件」を満たしている。

水道料金は本島の2・5から3倍で設定されていて、生活の負担となっているため、本島並みを目指した体制整備が進められている。

全島電化の喜び

月の出ていない夜、あたりは濃い闇につつまれる。懐中電灯を持たなければ、背の高いサトウキビが両側に立ち並ぶ道をたどる足元さえもおぼつかない。そんな時、家の明かりが行く先に見えると、ほっと安心した心持ちになる。

戦前、西港近くの社宅街には、発電施設があり、夜には煌々と灯りがともったが、島の大部分は電気が通じず、夜はランプのほのかな灯りに頼っていた。

燐鉱山が閉鎖されると社宅街の発電施設も役目を終えたが、島の中心部にある池の沢に住む有志が、会社や日本軍が残した小型発電機を利用して自家発電を始めた。電線には日本軍が残した地中ケーブルを掘り起こして使ったり、電柱には鉱山にあったものを移設したりした。最初は、池の沢から初めて、次第に遠くの地区まで送電したが、契約戸数が増えるにつれて、遠方では電圧が低下して頼りない蛍火のようになったという。

全島電化祝賀パレード（1964年）

発電事業は農協が引き継ぎ、1964年に政府の補助を得て、ようやく全島電化が実現した。村民の喜びは大きく、ちょうど懸案の土地問題が解決したこともあって、自動車を何台も連ねて祝賀パレードが行われたほどであった。

とはいえ、当初は夜間4時間のみの送電であり、24時間送電が実現したのは、日本復帰後に農協から沖縄電力が事業を引き継いだ1972年になってのことであった。料金ともども、電気については本島並みになった。

現在、沖縄県では、島内の電力消費の50から70％までを太陽光や風力などの再生可能エネルギーでまかなうことを目指して、北大東島に設備の導入を進めている。燃料の輸送コスト等の負担が大きい遠隔離島にとっては、再生可能エネルギー100％の実現が望まれる。

1日1便1時間

島に渡る手段は2つある。一つは、飛行機で北大東空港から、もう一つは、貨客船「だいとう」で港からである。どちらも他に類を見ない特徴を持っている。

那覇と北大東を結ぶ定期航路は、琉球エアコミューターRACにより、毎日午後に往復1便が就航しており、所要時間は直行便で1時間10〜15分である。「直行便で」と限定がついたのは、那覇・北大東・南大東の3つの空港を結ぶ三角航路となっていて、曜日によって、先行する空港が異なるためである。なお、那覇―南大東は1日2便となっており、往復直行便が午前中に運行されている。

２０１８年現在では、月金土日は那覇↓北大東↓南大東↓那覇の順で、火水金は那覇↓南大東↓北大東↓那覇の順で運行されている。南大東を経由する場合、「保安上の理由により（と機内アナウンスがある）」いったん南大東空港で飛行機を降り、空港のラウンジで30分ほど過ごし、再び搭乗となるので、所要時間は約2時間となる。

この航路の最大の特徴は、南大東―北大東間のわずか15分（時刻表上。天候等によっては5分程度の場合もある）のフライトである。この航路は、直線距離で約13キロメートルであり、正規のものとしては、国内最短航路である。

琉球エアコミューター

ちなみに、残念ながら世界最短とはいかないようで、英国スコットランドのオークニー諸島には、ウェストレー島とパパ・ウェストレー島を結ぶ、直線距離3キロメートル、時刻表上の所要時間2分、実質47秒の正規航路が、ローガンエアーという会社により運行されているそうである。乗客には機長サイン入りの「最短航路搭乗証明書」が渡されるというサービスがあるようで、琉球エアコミューターにも「日本最短航路搭乗証明書」の発行を期待したい。

一方の貨客船「だいとう」は、那覇泊港（または安謝新港埠頭）と南・北大東島を約15時間で結んでいる。夕方5時に那覇を出て、朝8時に大東島の港に入港する。南大東先行の場合と北大東先行の場合がある。年間66航海、概ね1週間に1回程度の運航が予定されているが、気象の影響によりしばしば運航が延期されることがある。旅程に余裕のないビジネスや観光には向かない。

貨客船「だいとう」

この航路の最大の特徴は、島への上陸方法である。島の周囲は険峻な岩場になっており、波静かな内湾がないため、大型の船舶が接岸できる港がない。「だいとう」は港の岸壁から数メートル離れた海上に停泊し、上陸または乗船する旅客はクレーンで吊り下げられたカゴに乗って移動する。初めての人は、遊園地のアトラクションのようなスリルを味わうことができる。

夏場の海は、比較的穏やかで、台風がなければ航海は快適だが、冬場になると海は荒れることが多く、大変な船旅になることもあるという。現在の船はスタビライザーが発達して、かなり安定感が増したが、昔の船の揺れはひどく、海が荒れると、ジェットコースターのように波を昇ったり、降《くだ》ったりの乱高下を繰り返し、燃料のキツい臭いも相まって、激しい船酔いに見舞われることがあったそうだ。乗船前に一杯ひっかけて、乗船したらすぐに横になり、島に着くまでぐっすり眠ってしまうのが、強者のやり方であった。

港と空港と漁港

遠隔離島にとって、本島・本土につながる海と空の道はまさに生命線である。

戦前、燐鉱山で栄えた頃は、会社の傭船が月1回程度、本土から物資とともに、人や情報を運んできた。大阪から、門司を経て、大東島に着き、いったん東京に戻って、大阪に帰るという航路だった。島にもたらされる新聞・雑誌などの情報は本土からの直輸入であった。

1月から5月にかけては、燐鉱石の積出船が7、8回ほど本土から入港し、さらに、沖縄本島との間では、労働者の入島・帰還、物資の移入のために、年に4、5回、会社の傭船が馬天港（南城市）から入港した。

島で最初に整備された西港では、年間を通じて、かなりの船の出入りがあり、入島・帰還、物資の荷役のための人々で大いに賑わった。

戦後、燐鉱山が閉鎖されると、一時期、海上交通が途絶えがちになり、食料不足に陥ることもあったが、民間の海運事業者が航路を継承し、生命線は再びつながれた。歴代の船は、木造96トンの東栄丸に始まり、海幸丸、国幸丸を経て、５００トンの鉄船・協栄丸へと次第に堅固で大型のものになっていった。初期の東栄丸、海幸丸は不幸にも難破している。航路は命がけで守られていたのである。

１９８６年に南・北大東村の両村共同で「大東海運株式会社」を設立し、１９９０年より新造船「だいとう」が就航した。現在の「だいとう」は２０１３年に就航した二代目である。

港も西港に加えて、南側に江崎港、北側に北港が整備され、風向きが変わっても、乗下船、荷役ができるようになっている。

一方、空港はといえば、エア・アメリカの10人乗り航空機が南大東島に就航したのは１９６５年のことであった。１９６７年には南西航空（現在の日本トランスオーシャン航空）が就航したが、北大東島からはサバニやモーターボートでいったん南大東島に渡る必要があった。

北大東島では、１９７１年に簡易滑走路が整備され、１９７４年からの４年間であるが、村長はじめ北大東村有志が出資して、４人乗りセスナを購入し、南北間の往復を担ったこともあった。

本格的な空港が整備され、定期便が就航したのは、１９７８年のことである。待望の一番機に島の人々の歓喜の声が空港にわき返ったという。当初の機種は、19人乗りのＤＨＣ

就航１号機（1978 年）

6型であり、恒常的な満席状態が続いて不便であった。

１９９５年に滑走路が延長された際、39人乗りのＤＨＣ８型へと変わり、２０１６年には50人乗りのボンバルディアＱ４００型の貨物室拡張型に引き継がれている。輸送力は大幅に改善されてきている。

料金面でも、片道約２万５千円であった運賃を、２０１０年度からは県の補助を得て、島民は４割減、島出身の高校生は5割減、交流人口も３割減という割引が適用されるようになり、低減が図られている。しかし、運賃は依然として高く、せめて新幹線並みの運賃が実現されれば、観光交流も活性化するだろう。

漁港の完成により、水産業の発展が期待されるが、この際、南・北大東島間の連絡船が復活できるとよい。戦前には、南大東島に「大東丸」、北大東島に「かもめ丸」という発動船が連絡船として活躍していたが、両島間を連絡する航路は「だいとう」だけに限られ、両島間の日常的な移動は意外に困難である。両島の漁港を結んで、連絡船が復活すれば、南大東島と那覇を結ぶ午前中の航空機を活用することも可能となり、北大東島のアクセスは大きく向上する。連絡船復活の際には、「かもめ丸」の名称も復活させたい。

野菜不足はつらいよ

戦後、燐鉱山が閉鎖されると、海上交通が途絶えて、食糧難に陥ったことがあったが、現代でも、似たような状況がしばしば発生する。台風時期など、天候が荒れて、貨客船「だいとう」の入港が長期間途絶えることがある。すると、島内の売店の棚から生鮮品をはじめとして、商品が消え始め、食料品が底をつくようになる。やがて、家庭の冷蔵庫も心細くなり、冷凍品などに頼るようになる。最近は、航空機の貨物容量が増えて、緊急的な食料輸送も比較的容易になったが、依然として不安はある。

従来から、島の人々は敷地内で家庭菜園を行っており、生鮮野菜の不足を補うようにしてきたが、量には限界があった。そこで、北大東村では、島内の生鮮野菜の自給率を上げるために、2014年に食の安心施設を整備した。

集中的に野菜の生産を行う施設であり、レタス、エンサイ、ホウレンソウ、キュウリなどを育てている。施設内には、専門家の協力を得て、強風に耐えられるビニルハウスや独自の工夫を施した葉野菜生産設備を整備した。施設の成果を見ながら、同様の設備を農家に普及していく目論見である。

施設で生産した野菜は、農協に委託して島内で販売している。学校の給食や売店の棚から、生鮮野菜が消えることはなくなりつつある。

食の安心施設

近い東京・遠い沖縄

最近では、水や電気に劣らず、情報は生活にとって欠かせない要素となっている。外部との情報通信は、日々の慰めになるだけでなく、緊急時の安全確保、将来を担う子ども達の教育、島の経済の発展のためにも不可欠である。

情報通信の世界では、常に技術革新が進んでおり、新たな技術が導入されるたびに、離島は遅れをとってきた。いつ本島並みになるのかが、島の人々の大きな関心事となってきた。

まず、最初に島外電話が開通したのは１９６３年のことである。それ以前にも、島内電話はあったが、島外との連絡は無線通信に頼ってきた。島外電話も当初は郵便局に一台あっただけだった。自宅から電話できるようになっても、電話交換に1時間もかかり、不便であった。自宅から直接、全国に電話できるようになったのは、１９７９年のことである。

一方、放送事業の最初は、１９５４年の親子ラジオの導入である。役場にラジオの受信機（親ラジオ）があり、各戸まで配線を施し、スピーカー（子ラジオ）で放送を聞くのである。役場が選んだ放送を聞くほかはなかったが、それでも、10日分、20日分の新聞がまとめて配られることが普通な島にとって、情報の遅れは大きく解消されたと言える。

待ちに待ったテレビ放送が始まったのは、本島より16年も遅れた１９７５年のことである。当初は、夜7時から9時半までの2時間半限定で、しかも那覇から空輸された1か月遅れのビデオテープを放送するというものだったが、それでも画期的だった。

全国同時放送が始まったのは、復帰から12年経った１９８４年で、県内唯一の難視聴地

NHK のテレビ衛星放送スタートを祝う式典

域だった大東島に、「ゆり2号」からの衛星放送が届くようになった。

1984年5月12日午前4時、「テレビ放送時間が近づきました。学校に集まってください」と防災無線の呼びかけがあり、校庭に集まった600人の村民は、用意された8台のテレビを見つめ、午前6時に自分たちの姿が映し出されると「バンザイ」の歓声が上がった、と当時の様子が記録されている。この後、校庭では、八丈太鼓、神輿担ぎ、歌や踊りの飛び入り演芸大会と大いに盛り上がったようである。

放送は当初、地上波2波を同時・時間差で混成して1チャンネルで行っていたが、やがて、BS1（衛星第一放送）による24時間放送となった。この時代に島でテレビを見ていた人には、大リーグ野球通が多いという不思議な現象がある。ＢＳ１では、日本のプロ野球中継よりも大リーグ中継の方が多かったためである。

地上波が多チャンネルで放送されるようになったのは、１９９８年からである。情報格差は大幅に改善されたが、内容は東京地区の放送となり、沖縄ローカルの放送を見ることはできなかった。東京都が小笠原村の難視聴解消のために整備した衛星通信施設を利用したためである。「沖縄本島よりも東京の事情に詳しくなった」「沖縄の台風接近情報は見ることができず、台風が去った後、東京が台風接近で大騒ぎをしているのを見ていた」などといった新たな「情報の格差」も生じた。

携帯電話が普及し始め、１９９９年にＮＴＴドコモによる携帯電話サービスが開始された。これにより、県内で唯一、携帯電話が通じない地域が解消された。この件には、北海道出身の国会議員・鈴木宗男が大きく貢献している。島を訪れた鈴木は携帯が通じない現状を見て、関係機関に即座に連絡した。その甲斐あって、なかなか実現しなかった携帯電話開通があっという間に実現したというのだ。評価が分かれる政治家であるが、地方を見る目はとても暖かいのだろう。今では主要３社のいずれでも通話が可能となっている。

インターネットの時代が到来し、２００６年からの実証事業を経て、２００８年から村直営のブロードバンドサービスが始まったが、当初は、容量も回線数も限られていた。

　沖縄県内の放送が受信できない南・北大東村の情報格差の是正のため、地上波デジタル放送への移行を図る機会を捉え、沖縄県では国の支援を得て、本島と南大東島を結ぶ海底ケーブルの敷設及び南・北大東島への中継局の設置を行う工事を実施した。２０１１年7月、地上デジタル放送が開始され、沖縄県内と同じ放送を受信することができるようになった。これにより、情報格差はようやく解消された。

　海底ケーブルの敷設により、加入制限なし、通信速度10倍のブロードバンドサービスの提供も可能となり、インターネットによる情報通信は急速に普及している。物品の購入もネット通販の利用が増加している。しかし、やはり現物を比較しながらの買い物は楽しい。那覇にあるリブロリウボウブックセンターが、毎年、島で移動本屋のイベントを開催してくれていて、子ども達をはじめ、直接触れて、本を選ぶ機会を楽しみにしている島の人は多い。

低い高齢化率

２０１５年の国勢調査では、北大東村の高齢化率（65歳以上人口割合）は１７・６％であり、県全体の１９・６よりも低い。県内離島の多くは、久米島町の２６・５、伊平屋村の２６・３、伊是名村の２７・７、多良間村の２６・４と高い値を示しているが、南大東村の２１・３、与那国町の１８・５のように、北大東村に近い値を示す離島もある。

北大東村の高齢化率の低さは、高齢化が進んでいないことを意味しているのではなく、島を離れる高齢者が多いことを示すものである。介護が必要になった時、入院が必要な病気になった時、入ることができる施設・病院が島にはない。このため、健康に不安がある高齢者は、故郷の島を離れざるを得ないのである。

離島の生活には、医療・健康に関わる不安が常にあり、開拓の当初から、こうした不安を軽減するための努力が重ねられてきた。

戦前、島を経営していた会社は、社宅街に立派な病院を用意した。診察室、手術室、薬局、入院室、隔離病棟などがあり、医師・看護師、器具・薬品も充実していた。医師は大切に迎えられ、専用の戸建て住宅が確保され、給与も出張所長を超えて、島一番だった。

戦後、村の診療所が設置されたが、医師を確保するための苦労は長い間続いた。５年以上も勤務した医師もいたが、ほとんどは１年程度で交代することが多く、時には月替わりという時もあった。復帰後は、韓国籍の医師が続いて赴任したが、二人目の女医が殺害されるという痛ましい事件が発生した。その後の医師の確保は困難を極め、1年近く医師不在の時期が続いて、村長が医師探しに奔走した。

１９８６年に現在の診療所、医師住宅が完成し、医師も県立病院から派遣されることとなり、ようやく医師を安定的に確保できるめどがついた。１９８７年には歯科診療所も完成し、以来、琉球大学付属病院から歯科医師が派遣されている。

診療所では対応できない救急患者が発生した時には、本島への緊急搬送が必要となる。搬送には、自衛隊の航空機または海上保安庁のヘリコプターを要請する。夜間の場合、最近まで空港に照明設備がなかったため、役場職員4名がランタンを設置して、誘導を行っていた。緊急搬送は平均で年に8回程度発生している。

北大東村は、ホームヘルパーのいない3つの自治体の一つとして１９９９年の朝日新聞に取り上げられたように、介護サービスの提供体制の充実が望まれていた。介護保険が開始された２０００年にはデイサービス、2年後には在宅介護サービスの提供を開始したが、依然として入所型介護施設を島で準備することは負担が大きく、困難であった。このため、高齢者が自宅に閉じこもって、活力を失ってしまわないよう、２０１５年度に複合型福祉施設を整備し、村独自の制度として、介護保険の対象とならない高齢者に対する居場所づくりや宿泊サービスの提供を開始している。

北大東村でも少子化は進んでおり、安心して出産できるように、出産祝い金の提供（第1子に10万円、第2子に15万円、第3子に20万円、第4子以降は35万円）を行うとともに、妊婦健診や乳児1ヶ月検診のための本島への渡航費用についても助成を行っている。保育サービスについては、２０００年度からは3歳児以上を対象としており、２０１０年度から2歳児へと対象を拡大している。

島で唯一の信号機

北大東小中学校の敷地が隣接する交差点には、島で唯一の信号機がある。交通量が多くない離島では、信号機の設置は本来必要ないが、島を出る子ども達が信号機に戸惑うことがないように、教育的な目的で設置されているものである。

こうした教育的な信号機は離島に共通して見られるものであるが、通える範囲に高等学校がない遠隔離島の子ども達には、交通マナーを身につけることだけでなく、15歳までに親元を離れて一人で生活していけるだけの心構えを作ることが求められる。

小さな島なので、島の大人達は、子ども達全員をよく知っていて、みんなで大切に育てていこうと暖かく見守っているけれど、一方で、他の地域よりもかなり早く独り立ちする子ども達が島の外でもしっかりと自立できるように時には厳しく導いている。

入学祝いや卒業祝いの時、島の人々の多くが新入生・卒業生の家々を回って盛大に祝うのは、皆で育てている気持ちの表れだし、祭りの相撲や運動会などで、子ども達に応援とともに叱咤激励の声をかけるのは自立への促しである。

島の学校は、１９１８年に南大東島の私立学校の分校として始まり、１９５２年に現在の名称となって今に至っている。２０１８年度の卒業生は、小学校で98回目、中学校で71回目となる。

２０１８年４月現在で、小学校児童は31人で3学級、中学校は18人で3学級である。小学校では２００９年以降、複式学級が続いている。

現在の校舎は、２００５年に建設されたもので、島の天然記念物であるダイトウオオコウモリやダイトウビロウをモチーフにした意匠が施され、各教室は廊下との仕切りをなくしたオープン教室であり、モダンな作りとなっている。

北大東村立北大東小中学校校舎

子ども達が島外での経験を積むことができるように、スポーツや文化活動を通じて対外交流を進めているが、児童・生徒の数が少なく、集団での活動が難しいことから、バドミントン、陸上競技、英語スピーチなどに力を入れてきた。いずれも、県レベルで好成績を残している。

島の教育の大きな特徴として、村営の学習塾「なかよし塾」がある。ふるさと創生事業の一環として、1993年に設けられた。全国的に実施されたふるさと創生は、純金の像など、無駄遣いが話題になった事業だが、北大東村では子ども達のために有効に使われたといえる。

本島との学力の差が懸念されており、学習習慣を身につけることを目的に開設されたものである。全国公募で就任した塾講師のもとで、当初、小学生は週3日、中学生は週2日、それぞれ2時間の塾学習が始まった（現在は小中学生ともに週4日）。開塾後、到達度テストで成績が向上するなどの成果が見られた。

最初の塾講師には、愛知県の退職教員だった牧隆鏡先生（当時66歳）が就任し、80歳を過ぎるまで15年間も続けられた。子ども達、島の人々から尊敬と感謝を集めた先生だった。

２０１８年現在、講師は10代目となっている。

２０１３年からは、毎年、東大生によるオンライン双方向授業が村営塾で行われ、学力向上に一役買っている。村営塾にもハイテクの波が及んでいる。

第6章　所得1位と15の春　【経済】

旅の日記・その6

島のどこでも、大きく整然と区画されたサトウキビ畑を目にした。畑の段差に設けられた擁壁には石灰岩風の石が綺麗に積まれていて、風景に独特のアクセントを加えていた。大きな農業機械を入れるための農地整備が進んでいるのだ。ため池もあちこちに見かけた。水が貴重な離島では何よりも大切な施設だろう。サトウキビ農業を安定させるために、地域の人々がいかに努力をしてきたのかがわかる。北大東村は一人あたりの所得が県内1位だという記事を新聞で読んだことがある。島のサトウキビ農業はそれほど収益率の高い産業なのだろうか。

県民所得1位の謎

２０１７年3月31日付の『沖縄タイムス』は、公表された２０１４年度沖縄県民所得について、市町村別首位が北大東村であり、「11年連続のトップで４１４万７千円」であると伝えている。毎年、この時期に沖縄県民所得が発表になると、北大東村の所得1位が新聞紙上を飾る。恒例行事のようなものである。

この記事で県民所得と言われているのは、住民一人あたり年間所得であり、北大東村は県平均の２１２万9千円の1・９４倍という高水準である。2位は、３３０万７千円の南大東村、次いで、嘉手納町、渡嘉敷村、東村と続き、那覇市は8位である。

この数字だけを見ると、北大東村は（南大東村も）豊かな地域なんだなと思われることになる。しかし、島にはブランド物で身を固めた贅沢な人々が暮らしているなんてことはなく、島の人々にそれほど豊かだという実感はない。

この統計データは、村内の所得合計を村の人口全体で割っていることに注意しないといけない。つまり、働き手一人当たりが得ている所得ではないということである。そこで、就業者一人当りの所得を改めて計算してみると、２０１０年ベースで県平均に対して北大東村の値は1・02倍となり、北大東村の就業者所得がごく平均的なものであることがわかる。

　こんなことが起きるのは、北大東村では就業人口の割合がとても高いためである。その主な理由は、①公共事業を担う建設業に単身労働者が多く就労していること、②高校進学・大学進学で島を離れるために若年の非労働者が少ないこと、③病院や介護施設に入るために高齢者が島を離れる場合が多いこと、の3つである。

　つまり、豊かさゆえに村民所得が高いのではなく、農業や水産業の振興のための基盤整備に努力しており、高校がないために15歳で子どもたちが島を離れ、入院・入所施設がないために高齢者が島を離れた結果として、見かけの数値が高くなっているのである。所得1位と15の春には大きな関係があったのだ。

産業構造の転換

　現在、島の主要産業はサトウキビ農業と製糖、すなわち糖業である。島の経済が何によって支えられているか、その構造がどのように成立してきたかを簡単にたどってみよう。

戦前、島の産業は、燐鉱石採掘が主、糖業が従であった。就業人口割合でみると、１９３２年のデータで、鉱業関係が40％、糖業関係が55％であった。

１９５０年の燐鉱山の閉鎖は、島の人口の半分近くが職を失うという一大事であった。社員たちは引き揚げて行ったが、島に残った労働者は荒れ地の割り当てを受けて、開墾を行い、農業に従事するようになった。こうして、島は糖業を主とする産業構造へと転換を図ったのである。

１９７０年には糖業関係者が就業者の65％を占めるようになっていたが、次第に減少し、１９９５年には建設業関係者が33％に達して、糖業関係者よりも多くなった。

現在は、建設業が雇用の主要な受け皿になっている。これは１９８０年代に入って農業基盤整備が進展し、建設業の需要が大きく伸びたためである。同時に、サービス業の就業者が増加したが、建設業の従業者に対する宿泊・飲食などのサービスの提供が増大したためである。

しかし、公共事業に雇用を頼るだけでは、島の将来は見えてこない。島の産業発展のための基盤整備にはおおむねの目処が立ち始めており、これからは、基盤を生かした農業・水産業・観光業により持続可能な雇用を生み出していく必要がある。

大恩人・キャラウェイ高等弁務官

戦後すぐに、島の人々が直面した最も大きな問題は、土地所有権の獲得であった。

ことの発端は、開拓当初にさかのぼる。開拓主・玉置半右衛門は、開拓移住者の募集に際して、30年の政府貸下げ期間の経過後は、各開拓者に開墾した耕地の所有権を与えることを約束したということになっていた。「玉置翁の口約束」である。

玉置半右衛門が没し、島の経営権が東洋製糖に譲渡された際、東洋製糖は国に対して島の土地の払い下げを申請した。農民たちは、口約束が果たされるのか不安になり、陳情活動を展開した。当時のマスコミは同情的な記事を書き立て、沖縄県も農民側に配慮して調整に乗り出したが、払い下げは一方的に行われた。これにより、農民の土地取得の夢は、いったんは絶たれた形となった。

この問題が再燃したのは、1951年に琉球民政府が大日本製糖社長への口頭伝達で、土地の所有権を認めたことによる。南・北大東村の人々は、これに反発した。当時、琉球政府により土地所有権の認定手続きが進んでいたことから危機感をおぼえ、両村の人々は、

土地所有権獲得のための集会（1959年）

再び「玉置翁の口約束」を掲げて、土地所有権獲得のための活動を開始した。

土地所有問題をめぐる南・北大東村の闘いは、1964年までの14年間に及んだ。

1951年から6年間にわたる5回の陳情、1959年からの2カ年で両村・大日本製糖・琉球政府による三者会談を4回も重ねても、会社側は永小作権の付与、両村は無償譲渡を主張して、折り合うことはなかった。

1961年にキャラウェイ高等弁務官が南大東島を視察のために訪れた際に、両村代表が協力要請を行い、これを境に、土地所有問題が解決へと向かいだした。

準備期間を経て、1963年には、民政府土地裁判所において米琉合同土地諮問委員会の審議が開始された。8回にも渡る審議を経て、1964年、ついに農民の土地所有権を全面的に認める裁定が下された。

この解決の背景には、米国への転任が決まったキャラウェイ高等弁務官が、在任中に本件を解決したいと強い意欲を示したことがあると言われている。会社側は、キャラウェイ高等弁務官の「熱意と誠意に敬意を表して」裁定に従う意向を示した。沖縄県内では、悪評高い人物であるが、南・北大東村では大恩人ともいうべき存在となっている。

土地譲渡証書交付式（1965年）

1964年9月には、全島電化の実現と合わせて、土地所有権確立を記念して、トラックを連ねた祝賀パレード、式典、祝賀演芸会、花火など、盛大な祝賀行事が行われた。島の人々の歓喜が、並大抵ではなかったことがわかる。

1965年7月にはワトソン高等弁務官の来

島による土地譲渡証書交付式、1972年に条件付きでの社有地の両村への払い下げが行われた。この時の条件は、大日本製糖の労働者への未払い賃金を両村が肩代わりするというものであった。1974年、両村による債権者への支払いが完了し、土地所有問題は完全に終結した。

サトウキビ産業の発展

燐鉱山の閉山に伴い、サトウキビは島の人々にとって最大の生活の糧となった。戦前、600ヘクタールまで拡大していた農地は、守備隊の上陸以降に多くが荒れ地に戻り、1950年には155ヘクタール、従前の約4分の1にまで減少していた。

失業した鉱山労働者にも荒れ地が割り当てられ、島の人々は荒れ地の解消に総力を挙げた。耕地の回復、製糖の増産は急速に進み、生産量は1955年には1951年の6倍の600トンを超え、収穫面積も1964年には430ヘクタールへと急増した。

従来の製糖施設では追いつかなくなり、1959年には大型の含蜜製糖工場が完成した。これにより、農家は製糖作業から解放され、サトウキビ栽培に専念できるようになって、

ハーベスターによる収穫形態が確立された

さらに収穫は増加した。

１９６４年、大東産の黒糖は塩分濃度が高いために価格低下に直面していたことから、塩分の分離が可能な分蜜糖へと転換する必要が生じ、１９６６年に分蜜工場へと増改築を行った。以降、生産量は安定し、長い間、年2万トン台の収穫を維持していたが、２０００年以降、台風や干ばつなどの気象の影響を受けて、不作の年が多くなっている。

サトウキビ栽培には、以前は多くの人手を要し、戦前から県内各地より労働者を受け入れてきた。次第に県内労務者の確保が難しくなり、１９７０年度からは台湾からの労務者の受け入れを開始した。日中国交回復の影響により、台湾労務者の受け入れが困難になったため、１９７３年からは韓国からの労務者の受け入れを開始した。

外国人労務者への依存が懸念され、人件費もかさんでいたことから、海外からサトウキビ収穫のための大型農業機械ハーベスターが導入され、収穫作業に多くの人手を要しなくなった。一方、製糖工場の労務には依然として島外からの季節工を導入しており、製糖期間中は製糖工場が宿舎や食堂を提供している。

農地改良のススメ

大型のハーベスターを農地に入れるためには、急な傾斜を平坦に、耕地の形を整えて、農道を整備するほ場整備が不可欠となってきた。また、干ばつにより収穫が不安定となることを防ぐためには、ため池、灌がい施設の整備が急務であった。

このため、１９８１年に土地改良事業が開始された。当時、担当の経済課長であった現村長の宮城光正は、「土地改良の必要性について、最初は農家のみなさんの理解が得られずに苦労した。家までお邪魔して、何度も話をした。用水や農道等の施設との距離によって農家の負担金に差があるなどの不公平があったため、施設用地はすべて村負担とし、農家の負担は面整備に関するもののみにした。既払いの負担金は、農家に還付した」と振り返った。また、「昭和62年ごろには、県に働きかけて、土地改良事業のマスタープランを整備した。早い段階からの計画的な事業実施を行ったため、遅れていた土地改良は、進捗が早まり、他の自治体を超えるほどになった」と述懐する。

宮城課長、のちの村長を筆頭に、役場職員は島の将来を見据えて、農業基盤整備に奔走した。時には、国の制度の壁に阻まれることもあったが、知恵を絞り、粘り強く交渉し、島独自の解決策を見つけて、困難を突破してきた。

こんなエピソードがある。1997年に空港を拡張した際、役場では島最大のアスファルト舗装である滑走路に注目した。アスファルト舗装は雨水が土中に浸透しないので、絶好の取水場である。しかし、当時、空港に降った雨はそのまま海へと排水されていた。役場では、空港の排水路をため池につなげることを考えたが、空港は運輸省、ため池は農水省の管轄で、双方をつなぐ工事のための財源が見つからなかった。宮城村長は、県庁の土木建築部と農林水産部をついに説得し、双方の事業を連結して、空港直結のため池を実現したのである。

農業基盤整備は、急速に進展し、2018年4月末現在の進捗率は、ほ場整備で94%（採択率97％)、水源整備で89％(採択率100％)、灌がい整備で43・8％(採択率100％)にまで達している。

価値を生み出すジャガイモ・カボチャ

サトウキビ栽培を同じ畑で続けていると、病気にかかりやすくなったり、収穫が落ちたりする。連作障害である。このため、別の作物を植える輪作を行って、畑をリフレッシュする必要がある。輪作作物に付加価値の高い作物が導入できれば、農家にとっても収入増のメリットがある。そこで、沖縄・奄美地域の「早出し」のジャガイモは市場価値が高いことに目をつけ、北大東村では1991年からジャガイモの導入を始めた。

生産規模は次第に拡大し、1997年には23農家、栽培面積37ヘクタールと最盛期を迎えたが、収穫に人手がかかることから次第に生産量が減退し始めた。

離島であることが幸いし、病害虫が少ないために種子消毒以外にほとんど農薬を使う必要がなく、土壌もジャガイモの生育に適していることから、県内初のエコファーマーの認定を受けることができた。これを契機に、生産量はいったん回復したが、人手不足はなかなか解消されず、2014年には最盛期の10分の1までに生産量が減少した。

味の評判も良く、市場価値は高いことから、ジャガイモ生産の回復・拡大が望まれていた。こうした中で、畑に放置するほかはなかった規格外品の小さなジャガイモを活用し、特産品として焼酎をつくるプロジェクトが2015年から始まった。このプロジェクトを契機として、沖縄本島の障がい児授産施設の協力を得て、収穫期に本島の子ども達が滞在し、ジャガイモの収穫に参加する取り組みが始まっている。

もう一つの付加価値作物に、カボチャがある。輸入品のカボチャは青い状態で出荷されるために甘みが少なく、また、食の安心・安全志向から国産品が見直されていることから、完熟して甘みの強い沖縄の冬カボチャは市場で大きな評価を得ており、東京市場では外国産の4倍の価格で取引される。

2004年度、サトウキビの大幅減収が予想され、あきらめていた畑に急遽導入されたのが、カボチャ栽培である。翌年度からは本格的に栽培を開始し、10年目には、初年度の10倍となる130トン超の収量となった。L玉と呼ばれる大玉・完熟が特徴であり、県外では出荷のない2月から4月にかけて出荷できることから希少価値もある。2015年には、北大東村は、沖縄県からカボチャの生産拠点に認定され、注目を集める産地となっている。

私も毎年、カボチャの時期を楽しみにしている一人である。両手で抱えるほどのでっかいカボチャだが、土産に持って帰って、いろいろな料理に使う。包丁で切った断面をしばらく見ていると、うっすらと汗をかくように蜜が染み出してくる。糖度の高さがよくわかる。最初は、ただレンジでチンして、ホクホクのカボチャを楽しむ。これだけで、上等なスウィーツのようである。このほか、天ぷら、スープ、煮物、カレー、プディングなど、楽しみは広がる。もちろん、ジャガイモも身質がしっかりして、丸ごとジャガバターを始め、ポテトフライ、ポテトサラダ、肉じゃが、カレーなど、用途の広い良質の食材である。

スラリー氷の魔法

島の産業振興にとって最大の懸案の一つは、水産業の確立である。島の周囲は見渡す限りの海に囲まれ、マグロ、サワラ、ソデイカなどの豊富な漁場に恵まれているが、これまで、水産業は零細なままであった。

もっとも大きな理由は、島に漁港がなかったことである。漁船が出入りできる波静かな港がなく、島で港と呼ばれる外海に直接面する荷揚げ場から、漁船はクレーンで海に降ろされ、水揚げの際も船ごとクレーンで陸に揚げる必要があった。このため、船の規模は2トン未満の小型船舶に限られ、漁の絶好の時期である冬場などに、波が荒れれば出漁できないことが多かった。また、出漁・水揚げの時間をクレーンのオペレーターの都合に合わせる必要があったため、豊漁でも漁を中断して帰ることもしばしばだった。

もう一つは、島外への輸送手段が限られていたことである。貨客船「だいとう」は、輸送力はあるが、しばしば欠航するため、安定して本島に魚を送ることが難しかった。また、従来の39人乗り航空機は貨物室が小さくて、まとまった出荷量を確保できなかった。このため、漁をしても主な売り先は島内消費であり、冷凍倉庫も限られていたことから、漁獲量を制限せざるをえなかった。

「釣れても、釣るな」ということだから、漁師も面白くない。2010年の国勢調査では、専業の漁業従事者はわずか2人であり、2016年当時、農業との兼業者も含めて、水産組合員は18人、漁船は18隻で、2トン未満の小型船であった。

さらに、島の漁師にとって面白くないのは、出漁できない冬場などに、九州籍の漁船がやってきて、県と村が設置した漁礁付近で操業し、資源を奪っていくことである。中型の漁船が何日も沖合で操業を続けているのが見える。都道府県名と船舶番号が確認できれば、所属の水産組合にルール違反を通報することもできるが、近づいて確認しようとすると逃げていく。

こうした状況に光が差したのは、２０１０年に漁港の整備が始まった時である。漁港ができれば、船を大型化し、冬の少々荒れた海でも操業でき、マグロ、サワラだけでなく、ソデイカなどに対象漁種を広げることができる。水産業を本格的に確立する絶好の好機が到来した。

しかし、魚がたくさん取れても、品質を保って輸送できなければ販路は得られない。漁港ができてから準備しても遅い。このため、２０１２年度から急ピッチで、水産加工施設や製氷施設の整備、漁師による船上での品質管理の徹底に取り組んできた。

漁師が船上で釣った魚の神経締め、血抜きをしっかり行い、スラリー氷に漬け込んで、鮮度を落とさずに加工施設に運ぶ。衛生管理を徹底した施設では、島外への出荷分をスラリー氷に漬けて保管し、島内消費用を温度管理が行き届いた加工室でさばく。貨客船が到着すれば、輸送用のコンテナでスラリー氷に漬けたまま出荷する。

「スラリー氷」という言葉が何度か出てきたが、このスラリー氷の製造プラントが施設整備の目玉、鮮度保持の秘密兵器である。スラリー氷は、細かい氷の粒子と水を混ぜた流動体で、海水から作ることができる。素早くムラなく、対象を傷つけずに冷却し、長期間鮮度を保持することができ、遠隔地にも生で輸送できるという特性を持つ。まさに、遠隔離島にうってつけの氷である。「だいとう」の到着が多少遅れても、鮮度の維持が可能となったことは大きい。

北大東島が出荷する魚は鮮度も味もよく、店に置いた先から売れるということで、大手スーパーチェーンから「獲れただけ、送ってほしい」と注文されるまでになった。

2017年度からは、漁港が一部開港して、クレーンに頼らず、いつでも出漁・水揚げができるようになった。

「釣れるだけ、釣っていい」「釣っただけ、金になる」のだから、腕のある漁師にとっては面白くて仕方がない。若い漁師見習いも入ってきた。2018年現在、水産組合員は27人、漁船は21隻に増えている。北大東島の水産業の未来は明るい。

漁港開港後の明るい未来

漁港が開港された後、北大東島にはどんな未来が拓けてくるのだろうか。

スラリー氷の製造プラント

漁港整備でいつでも出漁・水揚げができるようになった

まず、大型船の導入を促進して、年間を通じ、安定して操業できるようにすることが基本となる。これによって、産業の基盤ができ、専業の漁師を増やしていくことができる。その先に、現在は、任意組合である水産組合を法人化し、品質管理の徹底、資材の共同購入、保険等の充実を図っていくことになる。

漁港の整備により、島外の船舶が入港するようになれば、燃料や資材の補給、乗組員の休憩・飲食・宿泊などの需要が想定される。これらを受け入れるために施設整備は必要となるが、島内消費が拡大し、経済の活性化につながることが期待される。さらに、本島までコストをかけて運搬するよりも、島で水揚げした方にメリットがあると判断されれば、島外船舶による水揚げも想定される。この場合は、水産組合と島外船舶との間で、品質管理、資源管理、取引価格等についてのルールを確立していくことが必要になる。

船舶の大型化には、対象漁種が拡大するというメリットもある。これまでの主な漁種はマグロ（キハダ）とサワラ（カマスサワラ）であるが、冬が旬となるソデイカ漁も可能となる。また、出漁機会が24時間化されるので、夜の操業となるナワキリ漁の回数を増やすこともできる。ナワキリは、深海魚のクロシビカマスに対する島の呼称で、小骨の多い魚だが、島では汁物にしたり、骨切りをして薄造りの刺身にしたりして食べる。大変、美味である。

冷凍しても味が落ちないので、マグロ・サワラが不漁な時期でも提供できる島の名物として一定量を備蓄できると良い。

ナワキリ漁の副産物にインガンダルマ（バラムツまたはアブラソコムツ）がある。深海から揚げてくる途中のナワキリをインガンダルマが食べてしまい、代わりに揚がってくる。刺身でもフライにしても美味しく、以前は塩漬けにして保存食にも用いていたが、ワックス分が多く、自然に下から漏れてしまうことがあるという副作用がある。厚生労働省が食用禁止としており、食品としての活用はできないが、ワックス成分の利用など、工夫の余地があるかもしれない。

また、漁獲量が拡大し、島外への供給、島内消費に目処がつけば、島の特産品となる加工品も増やしていきたい。これまで、水産加工品には何度か挑戦してきているが、供給が安定しないことから定着してこなかった。今後は、従来の課題を克服していくことができるだろう。特に、戦前から保存食品として、島内で造られてきたマグロ節は必ず復活させなければならない。地域の食文化が失われる事態はぜひとも避けるべきである。

海での操業を補完するために、現在、島ではアワビやヒラメの陸上養殖に取り組んでいる。今後、増産が可能となって市場流通が確立できるようになれば、不漁の際にも安定した収益を確保できるようになるという期待がある。

　船舶の出入が容易になることで、マリンレジャーのためのサービスを提供することも可能となる。遊漁船の運営体制が確立できれば大型魚を対象にしたフィッシングツアーを催行することができるし、インストラクターを用意してダイビングツアーを募集することもできる。遊覧船を仕立てて、島の周遊ツアーや南・北大東島を連絡したツアーを行うことも可能となる。

　マリンレジャーが観光の柱となっていけば、港周辺の資源を活用したファミリー向けの観光サービスも提供できる。港の荷揚げ場では、色とりどりの小魚を簡単に釣ることができるし、海の近くの公園や広場でバーベキューなどの海岸遊びをすることもできる。また、西港周辺には、燐鉱山の史跡整備が今後進むため、最近関心が高まっている産業遺構観光を合わせて行うツアーも考えられる。

　こうして、マリンレジャーや港周辺の観光が活発化すれば、西港周辺にリゾート型の宿泊施設を整備していくことも可能となるだろう。燐鉱山の遺構を復元・活用した「りんこう交流館」がコンシェルジュ・飲食サービスを提供し（現在も島人酒場「トロッこ」が営業中）、遺構の風呂場を活用したスパがあり、景観が整えられた集落にコテージが点在し、……そんな妄想が湧いてくる。

こうして島の観光が活性化していけば、航空機の増便も可能となる。まずは、南大東のように1日2回の往復便を確保したい。そして、さらに増便できれば……。

漁港開港からどこまでも広がる明るい未来の想像だが、決して夢物語ではない。ここに書いたことは、村の将来計画に（もっと固い表現で）記してある。これまで、不可能だったことを可能にしてきた島である。これからも挑戦は続く。

第7章　離島の愉しみ　【娯楽】

旅の日記・その7

夕食の後、再び、宿の展望台に登ってみた。月は出ていなかった。目が慣れてくると、夜空に次第に星が浮かびあがり、やがて無数の星が空を埋め尽くした。空気がきれいだと星はまたたかないのだ。

島の人々は、こんな夜をどんなふうに過ごしているのだろう。

宿のフロントの壁にスナックの営業案内があったと思い出し、電話をすると迎えの車が来てくれた。夜の島は暗く、ヘッドライトの明かりが、サトウキビ畑の中に続く道を照らし出した。

小さな灯がともる一軒家の前に止まった。ドアをくぐると、陽気な歌声に迎えられた。店はほぼ満員だった。初めての人たちと歌い、飲んで長い夜になった。少し、記憶があいまいだが、何度も乾杯したような気がする。島の酒「ぽてちゅう」をかなり飲んだはずだが、朝の目覚めは快調だ。

開拓以来、人々は小さな離島の中にどんな愉しみを見つけてきたのだろう。

南北のスポーツ交流

島の人々が愉しみにしている大きなイベントの一つに、南北親善競技大会がある。6月下旬の2日間、南・北の大東島が毎年交互に開催地となり、島の人々が大移動して南北対抗のスポーツ競技が繰り広げられる。

競技種目は、野球、ソフトボール、テニス、卓球、バレーボール（一般、男性、9人制の3種）といった球技に、江戸相撲、沖縄角力を加えて計9競技であり、総勝ち数により両島間で総合優勝が争われる。

南北親善競技大会は、1948年に開催された南北対抗の野球大会が起源とされている。以来若干の休止時期を経て、大会は続けられ、2017年で56回を数える伝統行事となっている。

平常から野球部、バレー部、相撲部などが組織されていて、それぞれのメンバーたちは、大会が近づくとたびたび集まっては気合の入った練習を重ねる。特に、前年度負けている場合は激しく雪辱に燃える。練習の後の飲み会も愉しみのひとつであることは言うまでもない。

大会当日は各会場で熱戦が繰り広げられ、応援にも熱が入る。初日の夜の懇親会も真剣勝負の場である。互いに相手チームの有力選手を酒で潰してやろうと猛者を投入しているから油断できるものではない。

島の誇りを賭けた勝敗の結果に皆が一喜一憂する。最近の結果はと言うと、2007年から2017年まで（うち1年は台風のために休止）の10回の大会のうち、総合優勝は南大東島5回、北大東島5回と星を分け合っている。種目別の勝ち数累計も、南大東島45勝、北大東島45勝と互角である。以前は南大東島の方が優勢だったが、近年、北大東島が力をつけており、数に優位な南大東島もおちおちしてはいられなくなっている。

この他にも、1月に年代別球技大会、5月に職域球技大会、10月に字対抗の運動会、11月に職域駅伝大会が開かれ、また、祭の一環ではあるが、相撲大会も年3回開催されている。スポーツは島の人々の大きな愉しみになっているのだ。

島のこどもたちも、祭りの相撲に向けて稽古を積み、学校ではバドミントン、陸上競技に取り組んでいる。学校では集団スポーツのための人数がそろわないため、必然的に個人や少人数でできるスポーツが主要な種目となる。これまでも、バドミントンや陸上競技では九州大会・全国大会に進出する成果を残している。また、相撲でつちかった格闘能力を磨いて、進学後にボクシングや空手などの格闘技で成果を残す者もいる。

会社時代の娯楽

燐鉱山が操業していた頃、島全体を運営していた会社は、社員のための娯楽施設も整備した。

社宅街には、倶楽部と呼ばれる建物があった。倶楽部は、社員が集まる娯楽施設で、囲碁将棋やビリヤードなどの遊戯のための設備が用意されていた。戦前の社宅街では、全国的に倶楽部と呼ばれる施設があり、ビリヤードはかなり普及していた遊戯だったようである。正規社員のための倶楽部と非正規職員（傭員）のための倶楽部の2つがあった。

やはり、スポーツは大切な娯楽だったようで、テニスコートや野球場も整備されていた。1932年頃には少年野球が盛んな時期もあり、南・北大東島の対抗試合が行われた記録が

南・北大東島対抗の少年野球の試合（1932年頃）

残っている。

毎年、ビリヤード、囲碁、釣りなどの競技大会が開催されたという。

社宅街から北に少し離れた海岸沿いには、別荘と呼ばれた簡素な小屋があり、社員たちは週末に周辺の広場で飲食をするなどして愉しんだという。広場ではゴルフの打ちっ放しなども行われ、一説にはショートコースが作られていたともいう。この話が本当であれば、泡瀬ゴルフ場よりもはるか前に存在した沖縄最古のゴルフ場かもしれない。

これらの施設は、いずれも会社の社員を対象としたものであり、鉱夫、小作人や農夫が利用できたわけではない。労働者にとって、日々の楽しみは、やはり飲酒だったという。開拓当初、会社が運営する酒造所から、芋焼酎が供給されていたようであるが、後には本島から運ばれる泡盛を購入するのが一般的になった。飲みすぎる者が多かったようで、出張所所長が飲み過ぎ注意の警告を発したほどである。

全島民が参加できた行事には、大神宮祭、運動会、活動写真大会などがあった。

大神宮祭は島民にとって待ち遠しい島一番のお祭りであり、昼は、お神輿担ぎ、江戸相撲、沖縄角力などが行われ、夜には演芸会で多いに盛り上がった。運動会も島全体で盛り上がり、部落対抗の競技は過熱気味であったという。

祭りで披露される八丈太鼓

活動写真大会は、会社が映写機を購入して、テニスコートを会場に時々開催したものである。農家の人々も牛車に乗って家族連れで集まってきた。社員の中には活動弁士の上手な者がいて、解説役を務めたりもした。

八丈出身者は、故郷の芸能である八丈太鼓を愉しんだという。行事の祭に打ち興じたのはもちろん、酒宴の際に興に乗れば、太鼓が持ち出され、かわるがわる即興の歌を歌いながら、太鼓を打った。

沖縄県出身者の間には、同じ本籍地同志が集まる郷友会があり、親睦と慶弔の際の助け合いをした。総会の日は、ご馳走を作って一日中楽しく過ごした。大宜味、羽地（現在の名護）、本部、今帰仁、伊平屋などの会があった。現在は、大宜味村同志会だけが続いている。

絶海の離島に人々の生活が根付くためには、こうした娯楽の力が大きく貢献したはずである。

年中行事
島には、毎年恒例となっている行事が数多くある。主な行事を挙げると次のようになる。

4月……………入学祝い　新入生の家庭で盛大なお祝いが行われる。多くの人々が各家庭を回る。

7月17日………観音祭・獣魂祭　牛などの家畜を祀る農家の祭り。簡素な例祭が続いている。

8月……………エイサー　以前は各家庭を回ったが、現在は体育館の駐車場で行っている。

9月22・23日…大東宮祭　2日間にわたる村最大の祭り。神輿巡行、奉納相撲、演芸大会などが行われる。

10月体育の日…金毘羅宮祭　海の安全と豊漁を祈願する。奉納相撲が行われる。

11月1日………玉置翁記念碑祭　開拓主の命日に香を手向け、車座で酒を酌み交わす。

11月23日………秋葉宮祭　火災防難を祈願する。奉納相撲が行われ、別れの親子相撲がクライマックスを飾る。

12月31日………年の夜　運動場に設置された「うふあがりの鐘」をつく。年越し沖縄そばが振舞われる。

1月2日………成人式　正月の帰省に合わせて行われ、祝賀会の夜を楽しむ。

3月………卒業祝い　卒業生の家庭で盛大なお祝いが行われる。多くの人々が各家庭を回る。


これらの他に、すでに紹介した南北親善競技大会をはじめとしたスポーツ関連の行事が5つある。ほぼ毎月のように行事が予定され、特に秋には集中する。祭りの奉賛会、体育協会、青年会など、主催団体は異なるものの、小さな村であり、主要メンバーの多くは重複する。ひとつの行事が終われば次の行事へと準備は続き、時には複数の行事の準備が併行する。秋の集中期には、本業よりも行事が優先されることもある。本末転倒だ。そんなに忙しければ行事をまとめて、合理化した方が良いのでは？　と、島と出会った最初の頃は思ったけれど、行事の度に、自治会、職域、家族・親戚などの日常の単位を超えて、互いの元気を確認し、情報を交換しあうことができるのは大切なことなのだと最近は思う。小さな村だからこそ、島全体が融和できるコミュニケーション機会は欠かすことができないのだ。

スポーツ、演芸、飲食など、行事の本番は、もちろん島の人々の大きな愉しみである。それだけではなく、事前の準備・練習の後、本番の片付けの後、反省会など、飲み会を開く理由は尽きない。

海で遊ぶ

島の周囲は海である。本来であれば、海の遊びがメインの娯楽となるはずである。しかし、隆起サンゴ礁の険しい岩礁が島の周囲を取り囲み、砂浜のビーチはなく、島から離れると海底は水深１５００メートルの深海へと一気に駆け下るため、遠浅の浜もない。

沖縄海での海水浴（1969 年）

いわゆるビーチで海水浴という娯楽は島にはないが、かろうじて近い遊びができる場所が、空港の東、沖縄県最東端の碑の近くにある沖縄海《おきなわうみ》である。

もともと、ここは小さな入り江状の地形になっていて、ほんの少し白砂が溜まった場所があった。沖縄本島から遠く離れて暮らす昔の人々の感傷とも思えるが、この小さな砂浜に沖縄の海を想い、そう名付けたという。後に、砂浜近くの海底を掘り込み、天然のプールのように整備した。海が荒れていない日は、このプールで泳ぐこともできる。小さな子どもたちは、ここで海での泳ぎを体験する。

小学校も高学年になると、沖縄海では物足りなくなる。夏には海が凪いで、波が立たなくなる日が多くなる。すると、子どもたちは、海面から高さ5、6メートルもある港の荷揚げ場から飛び込んで、水深10メートルもある海を泳ぎ回る。上級者は波をうまく読んで、岩場から上がる事も出来るが、かなり慣れないと怪我をする。荷揚げ場から臨時のはしごを下して、上がってこられるようにする。大人になると、さらに深場まで素潜りをしたり、シュノーケリングをしたりして、魚やタコ、貝などを捕獲するようになる。

観光客が海に入る時は、よくよく用心が必要である。表面は穏やかに見えても、潮の流れによっては一気に遠くへ運ばれてしまったり、岩礁に取り付けずに流されてしまったりすることがある。海の事情に通じた島人の注意をよく聞いて、陸地に救助者がいない状況で海に入らないことである。ダイビングに慣れている人でも、宿の主人の注意を無視して海に入り、不幸な事故にあった例もある。海をよく知る島人の指示のもとであれば、将来的には、普通のリゾートビーチとは一味違う外洋でのシュノーケリングやドラフト・ダイビングが有力な観光資源となることも期待できる。

沖縄海、港の荷揚げ場、西港公園、上陸公園といった海の近く、または海を望む場所では、職場、同年、同郷など仲間が集まって、昼間から宴を催すことがある。海岸遊び、またはビーチパーティーと呼ばれる。魚介類や肉が盛りだくさんのバーベキューがよく行われる。たまたま海岸遊びを見かけて、話しかけた時、宴の輪に招き入れられて、お酒や料理のお相伴に預かったことがある。

隠れた釣り場

海での娯楽の最たるものは、やはり釣りである。

もっとも手軽な釣りは、港の荷揚げ場からのウキ釣りである。島には3つの港があるが、風向きや潮の流れを考慮して、釣り場を決める。群れで回遊するムロアジが主な対象魚だ。型の良いものは30センチもあり、引きが強く、手応えが楽しいが、口が柔らかい魚で外れやすいので慎重さも要求される。群れに当たれば、入れ食い状態になる。

撒き餌には、色鮮やかな根付きの小魚が群がるが、エサ取りが多い。カワハギやタイの仲間が釣れることもある。釣れたムロアジをその場でおろして、刺身に醤油をまわしかけて食べるのが愉しみである。

上級者は、大物を狙う。釣り上げたムロアジに釣り針をかけて生き餌として海に放すと、ムロアジは沖へと向かい、糸が伸びていく。気長に待つことになるけれど、ひとたび、大物がかかればビッグファイトが始まる。年に数本は陸からマグロが釣れるというのが大東島の噓のような本当の話である。

大物釣りは、港から行うこともあるが、島の周囲の岩礁にはところどころに隠れた釣り場がある。島の釣り人は、それぞれに、ここぞという釣り場を持っている。外周道路からは、どこから釣り場への道が下りているのか、さっぱりわからないが、釣り人たちは慣れた足取りで釣り場への道を下っていく。

これらの釣り場には、ユニークな名前が付いている。チーチヤーの下、牧場の下、○○家《ヤー》の下など、近くの施設や家の名前が付けられていて、今は無くなった土地利用の記憶が止められている。チーチヤーとは、昔牛乳屋さんがあった辺りであることを示している。また、ギリシャ船、アメリカ船と呼ばれる釣り場もあり、これも昔、それぞれの国籍の船が座礁したあたりであることを示している。

素潜りで、タコ、シャコガイなどを捕獲する名人もいる。名人は、採ったタコを体のあちこちに吸い付かせた姿で上がってくる。夏場を過ぎると、岩礁付近では伊勢海老を採ることもでき、秋の祭りのご馳走として振る舞われる。なお、大東島沿岸では、資源保護のために伊勢海老、シャコガイの捕獲には制限が課されている。島人以外は勝手に採取してはいけないので、注意してほしい。

船釣りをするのは主に専門の漁師であり、専業の釣り船はない。時折り、大物狙いの釣り師が来島し、漁船をチャーターしたいという希望に応えることがある。漁港開港後は、大物釣りを楽しめる遊漁船は観光の目玉のひとつとして期待されている。

夜の社交場

日が暮れてしまうと、島の夜は長い。やはり大人にとって飲酒は欠かすことができない愉しみである。すでに述べた行事の際にも、飲み会の機会は多いが、日々の憂さを晴らす場所も必要である。

早い時間から1次会で利用される飲食施設は宿泊施設ハマユウ荘の食堂、島人酒場「トロッこ」、居酒屋「村おこし」の3件。さらに2次会・3次会へと続く場合は、4件あるスナックが受け皿となる。対人口比でスナックの数は多い方である。

宿から歩くと1時間前後もかかるスナックも多いので、電話で迎えの車を呼ぶのが良い。帰りも、送迎係に任命されている従業員が送ってくれる。

スナックでは、次第にグループの垣根を越えて、交流が始まったりする。昼間は、なかなか口の重い島の男たちも、ここでは雄弁であり、大いに飲んで歌う。

以前は、オリオンビールから泡盛へというのが定番だったが、最近は、どこでも島の酒「ぽてちゅう」である。北大東産のジャガイモを使った焼酎で、島の自慢の特産品である。度数が低くすっきりとした普及品と、樽熟成をほどこして味わいが濃厚で度数も高めの島内限定品がある。前者は女性にも人気で、後者は酒飲みが好む。

島の宴席では、盛り上がってくると、一人一人に挨拶の機会が回ってくることが多い。時には、宮古さながらオトーリが始まって、酒を回しながら挨拶を求められることもある。昼間は口が重いのに、この時ばかりは饒舌な人もいる。いつも感心するのだが、島の若者は挨拶がとてもうまい。他の地域では、こんなにもしっかりと挨拶ができる若者は多くない。きっと、こんな機会がたびたびあって、鍛えられているのだと思う。

スナックでは、カラオケが定番である。大東島のことを歌った民謡「大東アンマク」をレパートリーに加えておけば、人気者になれること、間違いない。「大東アンマク」は、南大東島の役場職員で民謡歌手、自称「日本三大浜ちゃんの一人」濱里保之が作詞・作曲した名曲で、カラオケに必ず入っている。

第8章　ぽてとの縁　【人財】

大東月桃

旅の日記・その8

島の土産には何を持って帰ろう。農協に併設されている島で一番大きな売店や宿の特産品コーナーを覗いてみた。ジャガイモや月桃を使った商品が目立つ。ジャガイモの焼酎や麺、月桃の芳香剤・化粧品・線香など、思ったよりも、種類は豊富だ。

北海道ではなくて、沖縄の離島でジャガイモ？

沖縄では月桃の葉っぱでお餅を包んだりするけれど、香りが良いのかな？

魚介類の商品が少ないのはなぜだろう？

いろんな疑問が浮かんできた。そもそも、この小さな離島で、誰がどうやってこれだけの商品を開発し、製造しているのだろう。

その物語を持って帰りたいと思った。

ぽてちゅうプロジェクト

２０１５年に、北大東島産ジャガイモを原料とした焼酎「ぽてちゅう」が誕生した。ほんのり甘くて飲みやすく焼酎自体も良いのだが、その誕生秘話が新聞紙上に取り上げられて、話題を呼んでいる。

基幹作物のサトウキビの輪作作物として栽培されているジャガイモは、他の産地よりも出荷時期の早い「早出し」として付加価値が高く、味もよいので島外からの評価は高い。しかし、収穫に手間がかかり、規格外の小さなジャガイモは収穫されず、約15％が無駄になっていた。村では、規格外品を活用して、新たな特産品を開発したいと考えていた。

６次産業コーディネーターとして県内各地で活躍するコープおきなわの石原修に相談したところ、村の木気度を認めた石原は、力になってくれそうな企業に声がけをして集めてくれた。北大東村長をリーダーとした「北大東特産品開発プロジェクト」が立ち上がり、ジャガイモを原料にした常温保存可能で付加価値の高いものということで、焼酎の開発が最初のターゲットに決まった。

焼酎の製造は、那覇の酒造会社・久米仙酒造が担当となった。まず、ジャガイモを焼酎

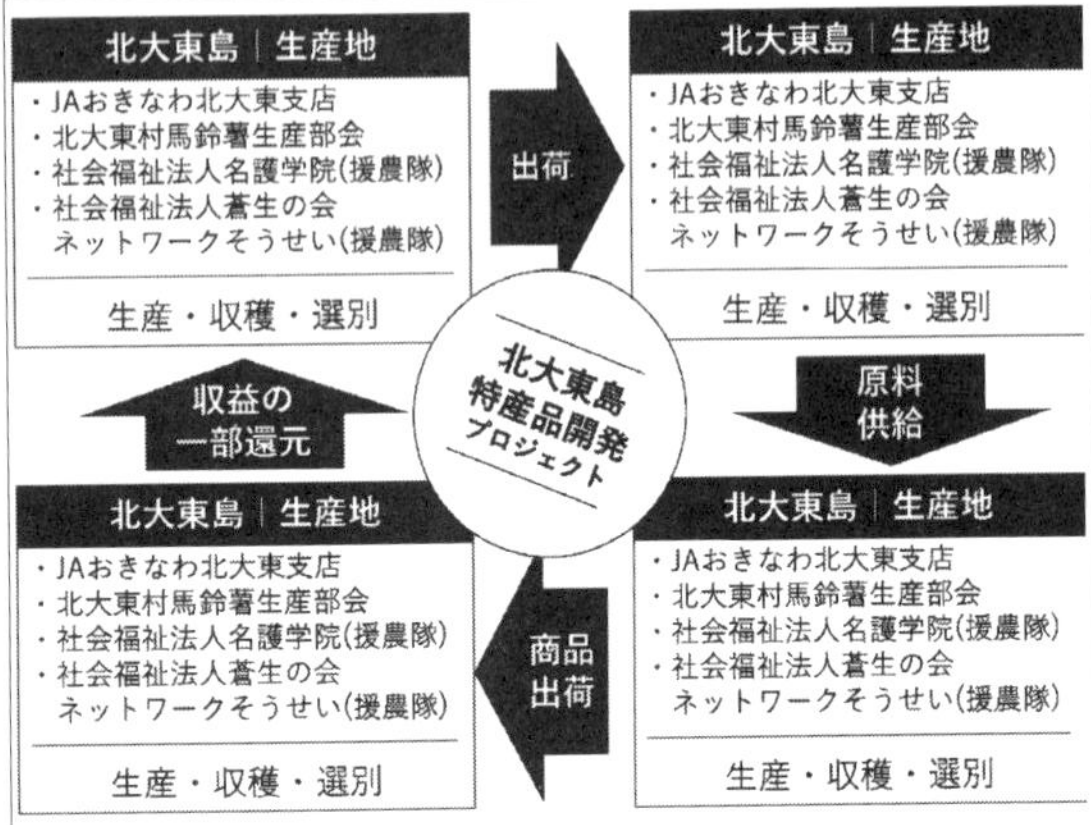

北大東特産品プロジェクトの仕組みと流れ

にするノウハウを学ばなければならない。久米仙酒造の社長（当時）の平良正諭輝は、40年前に東京で醸造を一緒に学んで親交を温めた北海道清里町役場の長屋将一のことを思った。清里町は日本のジャガイモ焼酎の始まりの地であり、長屋は、ジャガイモ焼酎を清里町の特産品とするため、ゼロから焼酎づくりを学んで、焼酎蒸留所を立ち上げ、開発研究に取り組んだ人物である。清里町役場に連絡をとると、残念ながら長屋はすでに他界していたが、長屋は平良のことをよく話していたらしく、清里町役場は、開発プロジェクトの訪問を快く受け入れてくれた。

　次は、原料加工の壁にぶつかった。新規設備の導入が必要だが、予算的に難しかった。

久米仙酒造の営業課長（当時）の親川茂治は北大東島出身でかねがね郷土に貢献したいという思いがあった。ちょうどその時、郷土の縁で、北大東島出身の義父を持つ濱岡一善と出会った。濱岡は、八重瀬町の食品会社である協進食品の社長であり、義父の郷土に貢献したいという思いを受けて、すでに島に度々出かけ、規格外のジャガイモの活用策を企画中だった。濱岡は、自分の企画を脇に置いて、焼酎プロジェクトへの協力を約束した。

さらに、規格外品のジャガイモを誰が収穫するかという問題が立ちふさがった。ここで、濱岡から、障がい者の就労支援を行う施設・団体に縁があり、障がいのある方々の就労支援にもつながる援農隊を組織したらどうかという提案があった。ジャガイモ農家も農協も大賛成だった。ジャガイモの収穫、選別、箱詰めまで、援農隊の仕事は丁寧で、農家からも感謝の声が聞こえてきた。

こうして、一つ一つ、困難を乗り越えながら、北大東村の新たな特産品ジャガイモ焼酎「ぽてちゅう」が開発された。それは、プロジェクトの実現に向けて、多くの人々が、北大東島の開拓精神に共鳴し、つながりを深めていった成果である。

月桃コスメ

北大東島の月桃を原料として、化粧品などの商品の開発・販売を手がけてきた専門家がいる。三輪範史である。三輪は、三重県出身で、大手企業の営業マンを経て、沖縄の月桃専門の会社に入り、商品開発・販売に携わってきた経歴を持つ。

２００７年に沖縄未利用資源の有効活用を目的とした株式会社ＥＣＯＭＡＰを立ち上げ、２００９年に北大東村の月桃を事業化する研究を受託し、翌年より、村の月桃加工施設の運営及び企画事業を任されている。以来、北大東産月桃を原料とした化粧品をはじめ、食品、芳香剤、香水などを世に送り出している。

月桃は沖縄では一般的な植物であるが、本島の月桃とは種類が異なり、小笠原諸島や八丈島と同じ起源を持つ種類である。大東島の開拓の歴史と一致するのが興味深い。種子が出来ず、花の色が濃く、大型なのが特徴だが、抽出した精油の香りが爽やかで、殺菌力のある成分を多く含み、樟脳臭が少ないという特性を持っている。商品開発では、この特性を活かしている。

大東島では、月桃はサトウキビを束ねる結束材として、また、サトウキビ畑を守る防風林として島全体に普及していた。北大東村では、未利用資源を活用して特産品の開発を行

月桃精油の抽出

月桃商品

う検討を行った際、月桃に着目した。月桃商品の開発プロジェクトを成功させるには、月桃の専門家の協力が不可欠だと考え、伝手をたどって出会ったのが三輪であった。

三輪のアドバイスもあって、輸送コストを抑えるために原料の一次加工を行う工場を島内に整備し、多額の設備投資が必要な二次加工は那覇の工場で行うこととなった。村では、施設整備を行った上で、運営管理から商品の企画・販売を全面的に三輪に任せることにした。月桃加工工場では、月桃の刈り取りから、精油・芳香蒸留水・各種エキス・食品用原料・衣料用繊維の製造管理を行っており、島内に雇用も生み出している。

商品開発を進める中で、島全体を覆っている鉱物ドロマイトに含まれるカルシウム、マグネシウムに着目して、サプリメントや化粧品の開発も行っている。

これまでに開発された商品のラインナップは、多様である。年間2万本を売り上げる6種の香りを揃えた芳香剤「ピュアシャワー」を筆頭に、全身用化粧水「月桃葉潤水」、ドロマイトや大東月桃が入った石鹸、大東月桃だけを用いたハーブティー、アロマの基材となる精油、月桃精油を用いたフレグランスなどがある。

土木的土壌改良への挑戦

島の基幹作物であるサトウキビが育つ土壌を全面的につくり変えようとしている専門家がいる。宮丸直子である。宮丸は、沖縄の農地土壌を専門とする農学博士であり、全国的にも数少ない「土壌医」でもある。

大東島の土壌を大東マージと位置付けたのは、宮丸である。沖縄県の土壌は、従来、国頭マージ（赤黄色土）、島尻マージ（暗赤色土）、ジャーガル（陸成未熟土）の3類型に分類されるとされ、大東島の土壌は土色から国頭マージとされてきた。宮丸は、大東島の土壌は、色と強酸性である点以外は島尻マージに似ているとして、新たに、大東マージという類型を提示した。

宮丸によると、大東マージは、国頭マージの強酸性と島尻マージの硬さという両方の悪いところを合わせた性質を持っており、県内で最も地力の乏しい土壌であるとのことである。ゆえに、宮丸は北大東島の土壌改良に並々ならぬ熱意を燃やしており、土壌改良のための新たな方法の導入を積極的に提案している。

宮丸は、「これは北大東島のためだけにしているのではなく、北大東島でできれば、必ず県全体の土壌改良に新たな可能性が開けると信じているからだ」という。ここには、北大東島が最も不利な条件を克服すれば、他も可能であるという意味だけでなく、前例のないことでも島のためになるなら果敢に挑戦する北大東の姿勢が他のモデルとなるという評価が含まれている。

宮丸は、これまで、長年、北大東島の土壌調査を続けており、島の土壌に精通している。

宮丸は北大東島の土壌が4つの系統に分かれていることを明らかにするとともに、島の農家への聞き取りから、土の特徴を巧みにとらえた農家特有の土壌の呼び方を明らかにした。「サラサラジ」「タッチマヤージ」「リンコージ」「マルヤマジ」の4つである。例えば、リンコージは、燐鉱が分布していた範囲の土地の土壌を指し、地力が高いことで農家の間では知られている。実際に、燐酸が多く含まれ、保肥力が高いことが確かめられている。

大東島の土壌を知り尽くした宮丸は、土壌改良のためには大胆な方法を取り入れる必要があると提案した。単に表層だけに良い土を入れるのではなく、地表から60センチメートルまで深く掘り返して硬土をほぐし、島に豊富にある鉱石ドロマイトを粉砕して混ぜ、酸性土壌を矯正するというものである。

ドロマイトは、漁港の建設に伴い大量に掘り出されたものが保管されており、景観事業の一環で景観材として用いるために建設業者が加工機械を導入していたので、土壌改良にも応用しようということになったのだ。分野を超えた事業間連携の好例である。

宮丸の提案は、単なる表層的な土壌改良ではなく、一大土木工事を伴う土地改良であった。村では、この提案を活かそうと、県の土地改良担当部局と相談した。なんとか応援したいが、土木工事を伴うような土壌改良はこれまで前例がなく、補助制度の対象とするの

ドロマイト

は困難であるとの回答だった。そこで、村はあきらめることなく、ではまず、村の単独費用で試験的な施工を行い、実績を積み上げるから、改めて相談したいと応答した。

そこで、宮丸の協力を得て、2014年から3年間、試験施工を行い、データを積み上げた。今度は、県もぜひ応援したい、補助も可能であるということになり、ようやく実現の運びとなった。県からは、北大東のプロジェクトはもちろん支援の対象だが、申し訳ないが、公平性の観点から北大東だけというわけにはいかない、他の地域も同様の手法をとるならば支援の対象とすると断りが入った。他の地域はまさしくフリーライドであるが、村は、むしろ歓迎である、経験を共有してより良い事業としていきたい、と考えている。これは、県全体を視野に北大東をサポートしてきた宮丸の姿勢にも合致するところであろう。

水産庁の補助で産業遺構再生

北大東島の全盛期を支えた燐鉱山の遺構を保存、再生、活用して、島の将来に活かそうとする専門家がいる。服部敦である（自分のことを書くのは面映いが、客観的にするため、三人称で書こう）。そして、強力なパートナーとして、まちづくりコンサルタントの石嶺一と所属のコンサルタント会社・国建のまちづくりチームがいる。

石嶺は２０００年頃から北大東島に関わっており、しまづくりのための様々な計画策定や事業運営をサポートしてきた実績がある。服部は、石嶺とは２００９年に島の景観計画づくりの調査で一緒になった。仕事がスムーズでよかったのだが、石嶺が会社を移ったため、その時の縁は続かなかった。

３年後、島の総合計画の策定を終えた服部は、村長から、漁港開港に向けて、水産業を支援するための計画策定を依頼された。それは、水産業の未来を描きつつ、必要な施設整備の計画、費用対効果の算出を含む大仕掛けで、専門的で、かつ複雑な仕事だった。

到底、一人では受け切れない仕事であり、島をよく知るプランナー、経営コンサルタント、水産加工施設整備のための設計者やメーカーの協力が必要だった。そこで、服部は、当時、国建に移っていた石嶺を指名して、彼に沖縄でのチーム編成と進行管理を行ってもらえれば、仕事を受けることは可能だと村長に答えた。

石嶺とのタッグが成立し、かなりの紆余曲折を経ながらも計画が出来上がり、水産庁の新たな補助事業に採択されるという結果を得た。当時、沖縄県全体で採択を受けたのは北大東村の１件のみであり、いかにハードルが高い事業であったかが分かる。

この事業の成果として、水産加工施設、スラリー製氷施設、漁師の品質管理体制の整備が進んだことは別項で紹介している。ここでは、この水産庁の補助事業で、燐鉱山の産業遺構再生が実現したことを紹介したい。

計画策定の際に、服部は補助メニューの中に、文化的景観施設と海業支援施設という項目を見つけて、とっさに、水産加工施設の予定敷地に隣接する燐鉱山時代の産業遺構を文化的景観施設として再生し、マリンレジャーの拠点すなわち海業支援施設として活用する案を盛り込んだ。これは、服部が常々、毎年崩れていく遺構群を保全できればと考えており、島の人々からも何とかしたいが方法がないという悔しい思いを聞いていたためである。服部は、それまでに関与した村の景観計画や総合計画の中でも、産業遺構群の保存・再生・活用について今後の重要なプロジェクトとして位置付けるよう、提案していた。

これがなんと採択を受けて、燐鉱山時代の出張所の建物の再生が実現したのだ。残っていた石積みの壁を修復・保存し、その中に新たな鉄骨造の建築を立ち上げて、外観は建設当初の姿を復元するというプロジェクトであった。ここでも、石嶺の仲介により、首里城の復元に実績がある平良啓が率いる国建の建築チームの知恵と工夫が生きた。遺構はすでに国の登録文化財であったが、県の文化財課、文化庁の了解を得て、復元プロジェクトを実現することができた。

一つ事例ができると、産業遺構群全体を保存・活用したいという島の人々のかねてからの念願が現実味を帯びてきて、2013年から実態調査をすることになった。写真、地図、文献、図面など、まとまっていなかった資料が収集され、遺構群の価値と本来の姿が明らかになってきた。

次の段階として、幾つかの遺構は国の登録文化財に位置付けられていたものの、より強力な位置付けと支援が可能となるように、遺構を含む集落全体を文化財として位置付ける

出張所(戦前)

廃墟となった出張所

復元中

復元後

「重要文化的景観」の選定を目指すことになった。文化庁の補助による調査を申請し、採択を得ることができた。

２０１４年から2か年の調査の中で、思いがけず、燐鉱石貯蔵庫をはじめとした生産施設群が先行して国の史跡として指定される可能性が出てきて、急遽、調査報告書を取りまとめた。２０１６年に指定のための申し出を行い、文化審議会の審議を経て、２０１７年に史跡指定を受けることができた。

この後も、重要文化的景観の選定に向けた調査、計画策定を継続し、２０１８年には、産業遺構群を含む字港の集落とその周辺が重要文化的景観の選定を受けることとなった。島の人々の思いを受けて、服部が石嶺とタッグを組んで始めた取り組みであったが、プロジェクトは様々な人々を巻き込んで拡大している。このプロジェクトには土木構造物の調査、建築構造物の調査、地形・文化財の測量、まちづくりの計画など、多岐にわたる専門分野の知恵と技術が必要であり、すべての分野の専門家を抱える国建の協力と全体のとりまとめを行う石嶺のマネジメント能力が不可欠であった。

また、文化的景観の調査・計画策定の委員会の成果をとりまとめることができたのは、大東島で小中学校時代を過ごされた経験を持つ琉球史の専門家・高良倉吉先生の指導によるところが大きい。大東島の歴史は、沖縄・日本を太平洋に開いた歴史であるという視点を与えていただいたおかげで、燐鉱山の産業遺構群の価値をより深く、広いものとして位置付けることができた。

燐鉱山産業遺構の調査・計画策定の過程で、二人の若者が成長したことは、最も嬉しいことの一つである。北大東村教育委員会の浅沼拓道と国建の山城一斗である。

浅沼は、慣れない文化財行政に最初は大変苦労した。30人しかいない村役場の職員は一人一人が数多くの仕事を抱えており、一つの業務になかなか時間がかけられない。しかし、これまで述べた通り、急ピッチで進む文化財調査・計画策定の村の窓口として重要な役割を担った。多くの人々に叱咤激励を受けながら、元陸上の国体選手で県内の沖縄角力のチャンピオンとしての持ち前の馬力を生かして、年々、安定感を増し、関係者の信頼を得ている。

もう一人の山城は、一時期、村の職員として北大東島に居住していた経験を持ち、国建に移ったのち、勝手知ったる北大東島のプロジェクトの担当になった。島をよく知る利点を活かすだけでなく、次第に積極的な提案をしてプロジェクトを引っ張るリーダーの一人になっている。

服部と石嶺のタッグで始まったプロジェクトであるが、やがて、若者たちにバトンタッチできる日が楽しみである。しまづくりの仕事は一代では終わらない、永い仕事である。

ボーダーレスな人材活用

北大東島のしまづくりでは、宮城光正村長のもと、島の将来を見据えて、多様なプロジェクトが同時並行的に進んでいる。

30人しかいない役場の職員は、各人が複数の業務を抱え、さらに、毎月のように催される年中行事の企画・運営でも中心的な役割を果たして多忙である。役場だけでなく、島の人々は、製糖工場や農協や役場に勤めながら、畑を持って農業をこなすなど、マルチに仕事をこなしている。島に暇な人はいない。

それでも、島の未来を切り開くためには、やらなければならない仕事がある。仕事をやりきるためには、島内の人材だけでは足りないことは明らかである。だから、島のためになる能力を持つ人であれば、積極的に活用する。島を利用して甘い汁を吸おうという輩は多いが、そんな誘いには乗らず、信頼できるかどうかをしっかりと見極め、いったん、信頼すれば、大切な仕事を任せる。受ける人も、意気に感じ、責任を引き受け、ライフワークのように島の仕事を大切にするようになる。こうして、長い付き合いが、たくさん生まれていくのである。北大東島では、内と外の境界がいつの間にかなくなり、共通の目的に向かう共同体となる。ボーダーレスな人材活用である。

本章で挙げた事例と人物は、私が知るほんの一部の例に過ぎない。島の様々な場所で、様々な場面で、内と外がつながり、ボーダーレスな人材のネットワークが形成され続けている。

第9章　米軍の射爆場【ラサ】

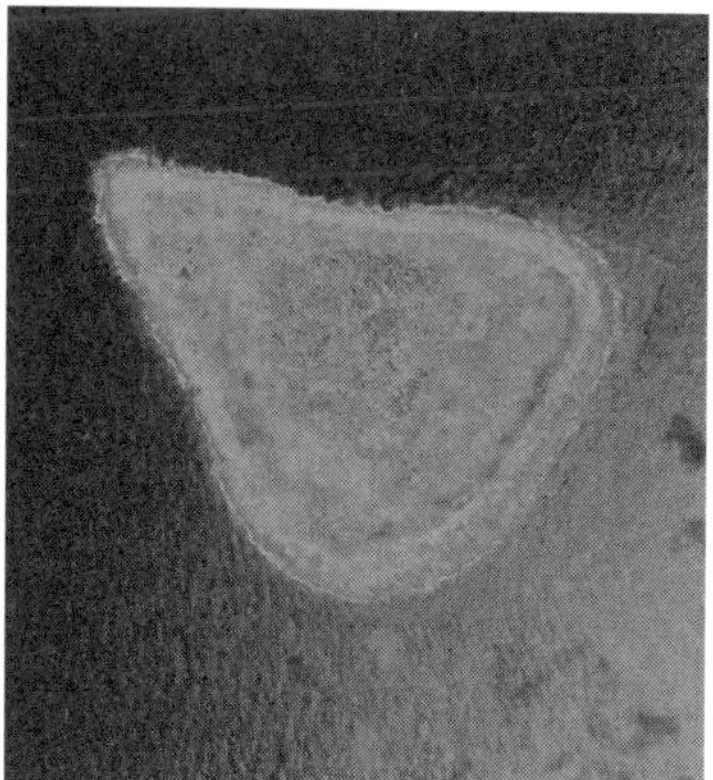

ラサ島航空写真

旅の日記・番外編（平成のラサ島視察経験者の証言）

あれは平成元年のことだ。ラサ島への視察団が組まれて、私はその一員に加わることができた。ラサ島は北大東村の一部だけれど、戦後も民間企業の所有のまま、米軍の射爆場として貸し出されてきたから、村民の中にラサ島の土を踏んだ人は一人もいなかった。

不発弾がないかとおっかなびっくりだったが、上陸を敢行した。南・北大東島に比べると起伏の少ない地形だけれど、中央に向かってくぼ地になっていて、隆起環礁であることを思わせた。一面に石ころが転がっている荒涼とした景色が広がっていて、ビロウのような高木は1本も見られなかった。かつて燐鉱石採掘で栄えた施設の跡はほとんど残っていなくて、わずかに桟橋の跡が確認できただけだった。

一同は、島の変わり果てた姿に驚くばかりであったけれど、同行した漁師たちは周辺海域に豊富な漁業資源を確認したと言っていて、希望を感じることができた。いつの日か、大東諸島の発展のためにラサ島を活用できる時代が来ればと願ってやまない。

米軍射爆場の島

ラサ島（正式名称・沖大東島）は、北大東村の行政区域だが、南方に１５０キロメートル以上も離れた無人の小島であり、面積は北大東島の10分の1にも満たない。「ラサ」の名称は、１８０７年に付近を航行中のフランス人が島を発見して、「平らな」という意味で名付けたものとされている。

有史以来、無人島であったが、１９１１年に燐鉱石採掘のために開発された。第一次世界大戦の頃には国内最大の燐鉱石の産地として栄えたが、太平洋戦争の末期に守備隊が上陸したのちに鉱山は閉鎖され、終戦で守備隊が引き上げると再び無人島に戻った。

ラサ島は、戦前に鉱山を経営していたラサ工業株式会社が所有する島となり、戦後、１９４６年に北大東村の区域に編入されたものの、１９５６年以降、米軍の管理下で射爆場として供用されることとなった。沖縄の本土復帰に伴い、ラサ工業の所有権は復活したが、引き続き射爆場として米軍に貸し出されることとなり、現在に至っている。

長い間、射爆場として使用されてきたため、島の表面はほとんど草木も生えないほどに荒廃している。

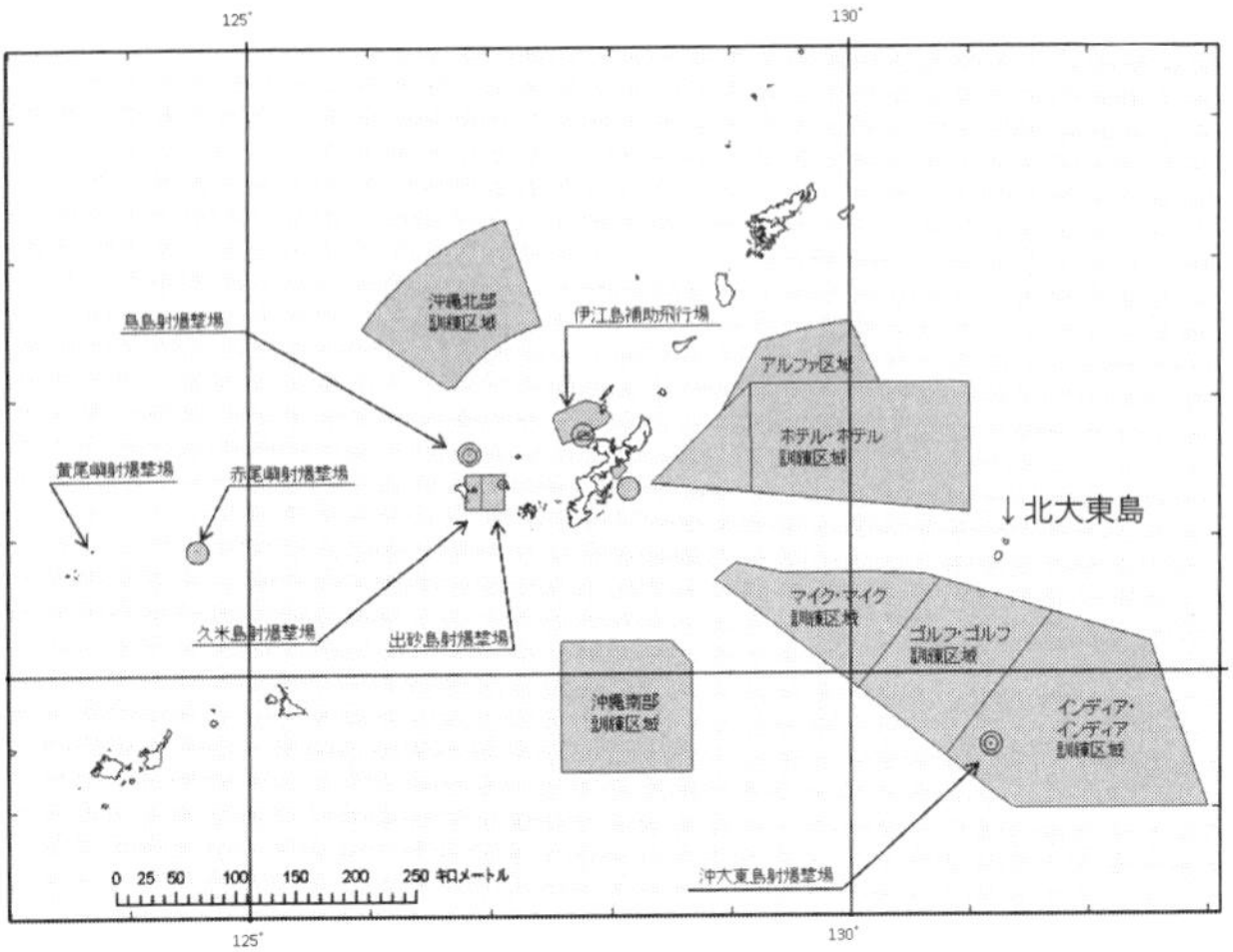

在日米軍海上訓練区域

こうして、北大東村には、村の区域でありながら、島の人々が上陸することもできない島が存在することになった。さらに、ラサ島と南・北大東島との間には、「マイク・マイク訓練区域」「ゴルフ・ゴルフ訓練区域」「インディア・インディア訓練区域」というかなり広範な在日米軍海上訓練区域が設定されており、「(米軍の)使用期間中漁業及び立ち入りを禁止する」との制限が課されている。漁師をはじめとして、島の人々は、南・北大東島と沖大東島の間の海域を自由に移動することも許されていない。また、このために、北大東村は米軍基地が所在する自治体でもある。

北大東村にとって、現在のラサ島はほぼ何

も生み出さない島である。米軍からの賃借料はラサ工業に支払われ、村にはラサ工業からのわずかな固定資産税収入があるのみである。

燐鉱を追い続けた男

南・北大東島の玉置半右衛門に相当するラサ島の開拓主は、恒藤規隆《つねとうのりたか》である。恒藤は、明治から昭和にかけて活躍した地質学者であり、かつ、冒険的な企業家として、国内の燐鉱床の探索に生涯を捧げた男である。

恒藤規隆

駒場農学校を卒業後、１８８０年に内務省勧農局地質課に配属された恒藤は、１８９４年、宮崎県に土性調査に訪れた際、油津港付近で偶然、燐鉱を発見した。この報を聞いた渋沢栄一が、恒藤のもとを訪れ、賞賛とともに更なる燐鉱の発見を奨励した。この一件を境に、恒藤は燐鉱の探索に傾倒するようになった。

恒藤は、欧米の燐鉱産地の長期視察で見識を深め、農学博士の称号を最初に贈られた一人となる。1901年に設置された国立試験研究機関である肥料鉱物調査所の所長になると、全国各地で調査を旺盛に展開し、1902年には国内最初の燐鉱産地となる南鳥島や能登島に良質な燐鉱を確認した。

南鳥島の借地権者である水谷新六の話から、南洋諸島にはさらに燐鉱発見の可能性があるという認識を得たが、1903年、行政整理のために調査所が廃止されるという事態に直面した。以後は、民間人として私財を投じて燐鉱探索を継続することとなる。

恒藤は、水谷ら、南洋諸島に寄港する者達に燐鉱標本の採取を依頼していたが、1906年、玉置半右衛門がラサ島に調査船を派遣した際に、水夫の一人として参加していた水谷の甥が、良質な燐鉱標本を持ち帰った。恒藤は、配下に命じて、1907年、1910年にラサ島の現地調査にあたらせた。同時期に、恒藤は、沖縄、台湾の各島や尖閣諸島にまで調査の網を広げていたが、次第にラサ島に標準を絞るようになった。

ラサ島が有望視されるに従い、三重県の有力肥料商であった九鬼紋七をはじめ、玉置や水谷も権利獲得の運動に動き、先を争う騒動に発展した。外資が進出するという情報が流れた際に、恒藤は九鬼との協調を取り付け、採掘権の一本化に成功した。1911年に、ラサ島燐鉱合資会社を設立し、恒藤が初代社長となった。

ラサ島の積み出し桟橋

ラサ島の燐鉱石貯蔵庫

ラサ島の燐鉱は当初販路の開拓に苦しんだが、第一次世界大戦で燐鉱の輸入が途絶すると需要が集中し、最盛期には年20万トンもの出荷を行うまでになった。戦後の不況で業績が落ち込んだり、有望な鉱床が新たに発見されて持ち直したりと浮沈を繰り返すが、1929年にラサ島鉱山は一旦、閉鎖となった。この時、恒藤は、会社を去ることとなったが、燐鉱への探究心は止むこと無く、新南群島（現在の南沙諸島など）、与論島（奄美諸島）、波照間島（八重山諸島）で燐鉱開発を行った。しかし、これらの燐鉱採掘は、長く続くことなく中止された。

1933年に会社は操業を再開し、社名をラサ工業株式会社に改めた。第二次世界大戦による輸入難で、ラサ島の燐鉱石の需要は高まったが、戦況の悪化に伴い、1944年に守備隊が上陸した後、鉱山は閉鎖され、二度と再開されることはなかった。34年間の操業により、累計で約160万トンの燐鉱石が本土に供給された。

平成の上陸調査

ラサ島の現状・周辺海域漁場調査が1989年に実施された。ラサ島の調査は、戦後、

平成の上陸調査（1989 年）

無人島となって以来、初めてのことであった。調査団には、南・北大東村役場職員、漁師、大学教員など総勢66人が参加した。

一行が島に上陸すると、土のない石だけの台地が広がり、様々な雑草が表面を覆っている光景をまず目にした。観賞用に持ち込まれたと思われるリュウゼツランが高く伸び、他に目立つ樹木はアダンがわずかにあるだけで、大東諸島の象徴であるダイトウビロウは一本も見つけることができなかった。

燐鉱石が採掘された中央部にはくぼ地があり、隆起環礁の地形を僅かに思わせた。石灰岩の岩石があちこちに散らばっていて、歩くのが困難であった。

この章冒頭のラサ島視察経験者の証言にあるとおり、かつて人が暮らした痕跡としては、積荷桟橋の跡、トロッコ線路のレール敷きの跡、コンクリート造りのタンクが確認されたのみで、ところどころに爆発の衝撃で生じた穴があって、不発弾や薬莢が散乱しており、射爆場である現実が感じられたという。視察団一同は、島の変わり果てた姿には驚いたものの、周辺海域調査により豊かな漁業資源を確認し、将来につながる希望を持ち帰ることができた。

ラサ島の問題と可能性

ラサ島は、現在も、ラサ工業という私企業が所有し、米軍の射爆場として使用される島である。また、周辺海域も米軍の訓練区域として立入りに制限を受けている。このままでは、ラサ島は北大東村にとって何ら価値を生み出さない島である。

北大東島に漁港が整備されたことから、今後、船舶の大型化が可能となり、ラサ島周辺での操業も可能となる。１９８９年の周辺海域調査では、ラサ島周辺に豊富な漁業資源が確認されており、ラサ島周辺での操業環境を整えていくことで南・北大東島の水産業の可能性は大きく拡大する。このためには、安全に安定的な操業が可能となるように、防衛省と連携し、米軍との調整を図っていく必要がある。

さらに、将来的には、米軍からの射爆場の返還を実現させ、周辺の訓練海域も縮小・解除されることが望まれる。現在、ラサ工業と北大東村の間には、実質的な交流は存在していないが、両者で連携しつつ、県内・国内の世論に訴えていく必要がある。

長期間、射爆場として使用されてきたことから、ラサ島の土地は荒れ果て、不発弾が多数散在していることが予想される。もし返還が実現しても、不発弾の処理、土地の再生には大きな負担が伴うことだろう。しかし、ラサ島を不毛の島から解放し、再び価値を生み出す島として再生することは、長い目で見て、地域の持続可能性と国境の安全保障を高めることに寄与するはずである。

まずは、漁業の補給・避難、国境警備、気象観測の拠点として再生することが想定される。さらに、島内の埋蔵資源や周辺の海洋資源の探索を行い、発展の可能性を高めていければ良い。

前回の上陸・海洋資源調査からすでに30年近くが経過しようとしている。ここまで述べたような取り組みを進めていくためには、改めて、ラサ島の現状及び周辺海域資源調査を行う必要がある。この際、北大東島の燐鉱山遺跡が国の史跡として指定されたことから、ラサ島の燐鉱山遺跡についても現状を把握する必要があり、調査には、資源探索を始め、生物・地質・文化財などの様々な立場の専門家の参加が望まれる。調査の実現は、決して容易なことではないが、今後、関係機関との調整を進めていく必要がある。

終章　北大東島の普遍性

旅の日記・その後

北大東島への旅が終わった。数日が経っても、島の空気をありありと感じることができる。たしかに、島の自然や歴史、文化は独特なものだし、その印象は強く残っている。しかし、そればかりではなく、島の人々が毎日の生活を続け、未来を切り拓こうとしている現実は、決して色褪せることなく、わたしの中にあり続けるだろう。

わたしたちも、それぞれの日常の中を生きている。それぞれの日常をより豊かなものとし、次世代に引き継いでいくための手がかりを求めている。いま、北大東島にその手がかりを感じている。

北大東島の普遍性

わたしたちは、北大東島の自然、歴史、民俗・文化にはじまって、現在の暮らし、産業、しまづくりの取組にいたるまで、島をまるごと見て廻る旅をして、もとの場所に戻ってきた。

大東島は、琉球諸島の他の島々と全く異なり、はるか南で誕生し、数千万年をかけて、フィリピン海プレートに乗って現在の位置にたどりついたという地学的経歴を持つ。さらに、隆起サンゴ礁という地形や激烈な台風に見舞われるなどの気象条件が相まって、長い間、人間社会の歴史とは無縁であった。ゆえに、近代になって「発見」されると、八丈島からの移民と沖縄からの労働者によって開拓され、化学肥料という近代科学が生み出した新たな製品に原料を供給する島として開発されるという特異な歴史を形成することになった。この上に、八丈と沖縄が混じり合う、大東島独特のチャンプルーな民俗・文化が誕生し、育てられてきた。

わたしたちは、沖縄にも、日本全体を見渡しても、他に類を見ない北大東島の自然・歴史・民俗・文化の希少性について知り、理解を進めることができた。

さらに、わたしたちは、北大東島がその希少性ゆえに、地理的・自然的に圧倒的な不利な条件に直面しながら、開拓の歴史に根ざしたフロンティアスピリッツと、チャンプルー文化に根ざした多様性を許容する柔軟さを武器に、産業の発展に、生活の改善に、しまづくりの進展に取り組んできたこともすでによく知っている。

わたしたちは、北大東島の類まれな挑戦を見ながら、どの地域にも共通する普遍的な価値を感じてきた。この普遍的な価値を、北大東島の地域活性化モデルとして改めて取り出してみることを試みたい。

北大東島の地域活性化モデル

第8章ですでに提示したキーワードだが、北大東島の地域活性化モデルは、「ボーダーレス」（境界を設けない、境界を超えていく）という言葉に集約できる。北大東島のボーダーレスには、4つの側面がある。

一つ目は、ボーダーレスな人材活用である。これについては、第8章ですでに述べたように、島の内と外の境目を超えて、島に有用な人材を見極めて、重要な仕事を任せ、仕事を受けた人も意気に感じて、ライフワークのように島に関わり続けるようになる、というものである。

これは、30人しかいない役場職員をはじめ、600人の島民だけでは島の将来を担うプロジェクトをこなしきれないからという、止むを得ない事情から生まれたものではある。

しかし、だからと言って、どこででもできることではない。通常は、自分たちのことは自分たちでというある種の責任感から、外の人にはわからないという閉鎖的な固定観念から、相手を見極めることへの自信のなさから、なかなか他人に任せることはできない。

もしくは、いったん他人任せにすると、相手を見定めることなく、判断放棄、丸投げに陥ることも多い。

島の人々が、このどちらにも偏ることがないのは、下手なプライドを振りかざしてはいられない切迫感と「島のためになるかどうか」という極めてシンプルで強力な判断基準があるからである。

また、通常は公平性、透明性から外部との契約には常に公募型の競争が持ち込まれ、継続して仕事を任せられないという行政的な制約もある。これについては、遠隔離島であるという地理的制約ゆえに、島に熱意と経験のある企業しか応募しないことが結果として有効に働いている面もある。継続的な人材活用のためには、随意契約の価値を再評価すべき場面もあり、公平性・透明性との両立を引き続き、探求すべきである。

2つ目は、分野を超えたボーダーレスな連携である。役場も島全体もコンパクトなので、分野の境界を飛び越えた連携が容易である。第8章で紹介したように、漁港の建設で切り出されたドロマイトを景観材や土壌改良材として活用したり、水産庁の補助金で復元された産業遺構から文化財のプロジェクトが始まったりしたことは、この好例である。

これには、島民の誰もが一人何役もこなしていて、他人の領域に理解を持ちやすいことが影響している。また、コンパクトであるために、全体像が把握しやすく、常に全体と個別を行き来しながら、連携の必要性や可能性を見定めることができることも利点である。こうした利点を備えることは、より大きな自治体や組織であっても、組織の作り方、運営の仕方、計画の立て方を工夫すれば可能なことである。

3つ目は、既存制度の制約を超えることをためらわないボーダーレスな姿勢である。島のためになることであれば、前例であろうが、既存の制度であろうが、障壁となるものは何とか乗り越えて前進しようとする。第8章で述べた土木的土壌改良の導入の例がそうであるし、第6章で述べた空港とため池の連結の例も、第5章で述べた介護サービスの対象とならない福祉施設の整備もそうである。このような事例は他にいくつも挙げることができる。

これも、前例だの、既存制度だのと言ってはいられない切迫感ゆえであるとも言えるが、北大東島の厳しい自然、地理、気象などの条件が、既存制度が想定している枠を超えているために必然的に制度を超えて行こうとする姿勢が生まれてくるという面もある。これも「島のためになるのであれば、なんでもやろう」という前向きな思考があってこそである。

私は、かつて国の公務員だった時に、特区制度や地域再生制度を創設して、地域のためになることとならば既存の規制や補助制度を改革するというプロジェクトを担当していた。この時以来、地域が本当にやりたいと思う、まっとうな取り組みであれば、超えられない（変えられない）仕組みは何一つないと確信している。それは、北大東島のみならず、どこの地域でも同じである。北大東島は、まっとうな取り組みをしているからこそ、限界を超えていくことができるのだ。

４つ目は、個人や組織の壁を越えて島が一つになるボーダーレスな連帯である。１つ目のボーダレスな人材活用と相まって、島を超えた連帯、ネットワークへとつながる。

これは、第７章で述べた離島の愉しみから生まれてくる。スポーツを、年中行事を、海岸遊びを、そして、前後の準備や後片付けの際の飲み会も含めて、島の人々は大いに愉しんでいる。また、日々、夜の社交場で、職場や職場以外の人々と顔を合わせて盛り上がる。これらのどの場面でも、島の人々はよく話し合う。日々のたわいない出来事を交換し合う。こうして、北大東島全体が一つであるかのようなまとまりが育っているのだ。

私は、島で多くの計画づくりのための委員会やワークショップに参加してきたが、その度に、本当はこんな手続きが必要ないかのように、住民の間に一致点があるように感じてきた。このまとまり、全体性は、おそらく、日々の愉しみから生まれているのだ。

島に来始めた当初は、私にはこれが分からなかった。なぜ、こんなにも多くの行事をするのだろう。行事の準備で仕事が進まないじゃないか。なぜ、毎日のように顔を合わせながら、飲んでこんなに話すことがあるだろう。と、不思議でならなかった。効率が悪い、無駄が多いと思ったほどだった。しかし、何年も島との付き合いを続けていくうちに、日々の愉しみや連続する行事が、単なる潤滑油以上に、島での生活や仕事を成り立たせ、将来のしまづくりを進める原動力になっていることにようやく気づくようになった。

さらに、島全体がまとまった一つの目となって、子ども達の成長を見つめている。行事やスポーツの際、去年負けたあの子が今年は勝った、と誰もが手放しで喜ぶ場面に出会うと、それが実感される。この一つになった全体の目は、15歳で島を出ていく子ども達が帰ってこられる島を作りたいという強い願いにつながっている。

北大東島に見いだすことができる地域活性化モデルは、①内と外がない人材活用、②分野を超えた連携、③既存制度を超えることをいとわない姿勢、④全体性を生み出す連帯、という4つのボーダレスな側面から成っている。

さらなる探索へ

第6章で、漁港が開港した後の未来を描いたように、漁港の開港を契機として、北大東島から海への展開が開けてくる。船舶の大型化により、操業区域が広がるのであれば、新たな漁業資源の探索も可能となるだろう。第9章で述べたように、ラサ島周辺にはすでに漁業資源の可能性が見出されている。マグロ、サワラ、ソデイカなどの安定的な操業・出荷のための環境を整備した上で、さらなる可能性が見出されていけば大東諸島の未来に明るい展望が開けてくる。

この時、ラサ島が、北大東村に、沖縄県に、さらには日本にとって有効な貢献ができるように、いつかは射爆場から解放されることを希望する。まずは、ラサ島周辺の海洋資源の有効活用を図りつつ、荒れ果てた島を再生し、活用するために、平成の上陸調査に続く、新たな調査の実現を図りたい。

第3章で、明治時代、榎本武揚のもとで、多数の冒険企業家が南の島々を目指した大きなうねりの中に、玉置半右衛門による北大東島の開拓があったことを示した。北大東島は、玉置半右衛門を核とすれば、八丈島をはじめ、小笠原諸島、鳥島とつながり、ラサ島を開発した恒藤規隆を核とすれば、能登島、南鳥島、与論島、波照間島とつながる。さらに、玉置と縁を結んだ同時代の冒険企業家たちは、硫黄島、尖閣諸島、南沙諸島、そして、アンガウル、ペリリューなどの太平洋の南洋諸島の島々につながっている。

北大東島の歴史を、これらの島々とのつながりの中に位置付ける試みはまだ始まったばかりである。太平洋戦争の激戦地としての記憶を紡いでゆく必要はしっかりと心に留めた上で、明治期に南洋に向かった日本人の冒険の歴史の中に南洋の島々のつながりを捉え直し、国境を超えて、現代の新たなつながりを見出していく試みが必要である。それは、例えば、燐鉱山を持っていた島々の産業遺産の国境を超えた保存・活用なのかもしれないし、水産業や農業の技術・知識の共有を通じた新たな産業の創造なのかもしれない。

第2章では、昭和初期に世界最大級のボーリング地質調査が行われ、その成果に基づいて現在でも２４００万年前までのサンゴ礁の形成史を解き明かす試みが続けられていることを示した。しかし、この調査は島の基盤に至る深さの半分にしか達しておらず、島の起源にたどりつくための残りの２４００万年をさかのぼることはできない。もし、島の基盤にまで至るボーリング調査を行うことができたら、４８００万年前からの島の形成史の全容を解き明かすことが可能になるかもしれない。その実現は、島の歴史のみならず、地球の歴史を解き明かす重要な意味を持つ。

夢のボーリング調査を待つまでもなく、隆起サンゴ礁を起源に持つ特徴的な地形、全島がドロマイトで覆われている類を見ない地質的な特徴、北大東島とラサ島に蓄積された燐鉱石など、北大東島の地形・地質に対する学術的な評価は高い。２００７年に選定された地質百選の中に「大東隆起環礁」が位置付けられており、日本地質学会が選んだ沖縄県の石（鉱物）で、沖大東島及び北大東島の燐鉱石が選ばれている。ユネスコが行っている地質版の世界遺産として世界ジオパークがあり、その日本版として日本ジオパークがある。北大東島でもジオパーク入りを目指して、調査検討を開始することが望まれる。

海洋資源へ、太平洋の歴史へ、地球規模の大地の遺産へと、北大東島の将来を見据えた探索はさらに広がっていく。

あとがき　3つの夢のあとに

10年前、北大東島を始めて訪れた時、強く心を惹かれたものが3つあった。

最初に、西港近くにそびえ立っていた石積みの巨大な遺構に圧倒された。カッコいいとしびれてしまった。さらに周りには、石積みやレンガ造の崩れかけた廃墟がいくつもあった。天空の城ラピュタに来たのではないかと思ったほどだ。この遺構を活かしたいと都市デザイナーの血が騒いだ。軍艦島のB'zの向こうを張って、遺構をバックにいつか大物ミュージシャンのミュージックビデオを作ってやると心に秘めた。

次に、水揚げしたばかりのマグロから取り出した心臓を食べて、まさに度肝を抜かれ、広大な海を目の前に、水産業が零細であると聞いて、もう一度驚いた。未利用にもほどがあると思ったが、水産業の木格化が果たせれば、島の雇用には未来があると確信した。

そして、帰り際、公民館のような建物から聞こえてきた太鼓の音に誘われて、子ども達の練習を見学して、激しく打たれた。躍動しながら自由なバチさばきで太鼓を打ち合う子ども達がいた。荒削りだが、技術レベルも高く、強烈な力を持っていた。八丈から伝わった太鼓だった。この太鼓を舞台に乗せれば、この個性的な北大東という島を多くの人に感じてもらえると直感した。

北大東島のしまづくりに関わるのであれば、この3つの夢を実現したいと思った。

それから10年。順序は逆だが、まず、林英哲氏との出会いという千載一遇の幸運があって、子ども達の太鼓は多くの舞台で観衆を惹きつけ、北大東島の魅力を伝える大使の役割を果たすようになった。

また、県内最高レベルの水産加工施設と秘密兵器スラリー製氷施設の整備が実現し、ウミンチュの意識の高まりもあって、北大東産の魚の評判は上々である。漁港開港後の見通しは明るさを増している。

そして、燐鉱山の遺構群にはなかなか手をつけられなかったが、北大東島出張所遺構の再生をきっかけに、文化財保存・活用調査が進展し、国の史跡に指定され、重要文化的景観選定が決まるまでになった。産業遺構の保存・活用に向けた取り組みは始まったばかりだが、長い間止まっていた「時」は動き出した。

3つの夢は現実になりつつある。血気盛んな若い頃、まちづくりは最低でもカタチになるまで10年だと先輩から戒められたものだが、その通りだな、と実感する。

3つの夢のあとに、私にできることがあるのならば、少なくともあと10年くらいは貢献できそうかなとは思うのだが、まちづくりは常々、バトンタッチが難しいとも思っている。権威化、既得権益、しがらみ……そんなものが出てくる前に、後から来る者たちに軽やかに引き継ぎたいと思う。幸い若手も育ってきた。まだまだ、幕を引くつもりはないが、島の美味しい酒を飲みながら、観覧席から暖かいヤジを飛ばせる立場になって行けるといい。たまにちょっとカッコいい助け舟を出したりしながら。

次世代へのバトンタッチを織り込みながら、まちづくりは進めていきたいものである。

この本を閉じるにあたって、宮城光正村長を始め、北大東島のしまづくりに一緒に取り組んできた仲間達に改めて感謝したい。また、本書の出版にご協力いただいた皆さんにもお礼を申し上げる。そして、度々、島に出かけて留守にする家を守ってくれた妻と息子と娘にも感謝の気持ちを伝えたい。

10年も島と縁があるのに、なかなか家族を島に連れていく機会がなかったが、２０１６年の暮れから２０１７年の元旦にかけて、初めて家族と島で過ごすことができた。元旦の昼下がり、村長のお宅にお招きいただいた。暖かな日差しの中で村長のお孫さんとウチの息子と娘が楽しそうに庭を走り回って遊んでいるのを、村長はじめ島の仲間達と妻と一緒に眺めた。この時見た光景は、これまでの人生の中でも最も幸福な瞬間の一つとして記憶に残り続けるだろう。

愛知県犬山市の自宅にて

主な参考文献　＊主な文献に限らせていただきました。詳細は「北大東村誌」を確認ください。

・阿曽八和太（1925）『燐鉱事情（東洋及び南洋方面）』、同（1940）『燐鉱』
・江崎龍雄（1929）『大東島誌』
・山成不二麿（1933）「沖縄県北大東島鉱山」、同（1935）「北大東島に於ける燐酸礬土鑛床」
・川上浅蔵（1933）「大東島原始林相」
・杉山敏郎（1934）「北大東島試錐に就いて」、同（1936）「第2回北大東島試錐に就いて」
・大日本製糖株式会社（1934）『日糖最近二五年史』、同（1959）『日糖六五年史』
・恒藤規隆（1936）『予と燐鉱の探検』
・須永力之助（1945）守備隊関係資料（「陣中日記」「状況報告」他）
・大日本製糖株式会社沖縄調査団（1951）『沖縄調査報告書』
・柳田国男（1961）「海神宮考二十一　東方浄土観」『海上の道』
・高良倉吉（1992）「大東島の視点―知られざる近代史から」『新琉球史　近代・現代編』琉球新報社
・小川和美（1998）「太平洋島嶼地域におけるリン鉱石採掘事業の歴史と現在」
・奥平一（2003）『大東島の歩みと暮らし　北大東島を中心に』ニライ社
・増田義郎（2004）『太平洋―開かれた海の歴史』集英社新書
・社宅研究会（2009）『社宅街　企業が育んだ住宅地』学芸出版社
・北大東村教育委員会（2011）『北大東島の植物図鑑』
・平岡昭利（2012）『アホウドリと「帝国」日本の拡大』明石書店
・宮丸直子（2013）「沖縄県の低生産性土壌改良における土壌微生物性の評価」
・北大東村（2014）『土地所有権確立50周年記念写真集　島のアルバムきただいとう』
・服部敦（2015）『沖縄最東端の文化財としまづくり』ボーダーインク
・北大東村（2017）『北大東村誌』

付録

<産業>

産業別就業者数

計474人

1次：69人（14.6%）　2次：194人（40.9%）

3次：211人（44.5%）

うち　建設業162人

サトウキビ産業99人（栽培・製糖）

一人当たり村民所得（平成26年）

4,147千円（南3,307千円　県2,129千円）

サトウキビ生産実績（平成27年／28年）

作付面積371ha　生産量13842トン

<国の文化財>

国指定天然記念物

「長幕の崖錘及び崖壁の特殊植物群落」

「ダイトウオオコウモリ」

国指定史跡「北大東島燐鉱山遺跡」

国選定重要文化的景観「北大東島の燐鉱山由来の文化的景観」

国登録文化財　燐鉱石採掘時代の建造物群（10か所）

出典：沖縄県離島関係資料（平成29年1月）、北大東村誌

基本データ

注:「南」は「南大東島」を、「沖」は「沖大東島」を、「県」は「沖縄県」をそれぞれ表す。

<地理>

位置　北緯25°57′05″　東経131°19′56″（県最東端）
那覇（県庁）からの距離　約366㎞
面積　11.93㎢（南30.53㎢　沖1.15㎢）

<気象>

月平均気温　最高28.7℃（7月）最低17.7℃（1月）
年間降水量　1635.2mm（那覇2089.0mm）
＊統計期間：1986年から2015年まで

<人口>

国勢調査、平成27年
629人（南1329）
住民基本台帳、平成28年1月
586人（南1246）
うち　男:322人　女:264人
世帯（同上）
279世帯（南631世帯）
65歳以上人口比率
17.6%（南21.3%　県19.6%）

歴史略年表

一五四三　【最古の記録】大東諸島に関する最も古い記録。スペイン人のB・デ・ラ・トーレが沖大東島、南・北大東島を発見し、命名。
一八八五　【国標建立】沖縄県令・西村捨三が石澤兵吾ら5人を南・北大東島に派遣し、国標を建立。
一九〇〇　【開拓者上陸】南大東島に回洋丸が到着し、八丈島から出発した開拓者が上陸。22人で開拓を開始。北大東島への上陸は3年後。
一九一一　【沖大東島開発】恒藤規隆がラサ島の燐鉱開発事業に本格的に着手。
一九一八　【燐鉱山開業】鉱業所が落成し、燐鉱石採掘に本格的に着手。
一九二八　【最大人口】人口が戦前戦後通じて最大の2690人を記録。
一九三五　【試錐調査】東北帝国大学による試錐調査で深度431・67メートルを達成。
一九四四　【守備隊上陸】大東諸島守備のため各島に守備隊が上陸。沖大東島は翌年再び無人島に。

一九四六　【村制施行】南・北大東村が誕生。沖大東島を北大東村の行政区域に編入。
一九五〇　【鉱山廃止】北大東島鉱業所を閉鎖。
一九五九　【大型製糖工場】大型含蜜製糖工場が完成。
一九六五　【土地問題解決】土地譲渡証書が交付され、土地問題が終結。
一九七八　【空港完成】北大東空港が完成し、北大東―那覇間に定期便が就航。
一九八二　【土地改良開始】農地の土地改良事業に着手。
一九八四　【テレビ同時放送】ＮＨＫテレビ衛星放送が開始し、同時放送が実現。
一九八六　【水道開通】海水淡水化施設による簡易水道が完成。
二〇〇九　【漁港整備】掘り込み式により、念願の漁港の整備に着手。
二〇一一　【海底ケーブル】海底光ケーブルが竣工し、地上デジタル放送開始。
二〇一七　【史跡指定】北大東島燐鉱山遺跡が国史跡に指定。

主な施設・店舗の案内

名称・所在字名・☎電話番号
（市外局番09802）

【公共施設】
北大東村役場　字中野　☎3－4001
北大東駐在所　字中野　☎3－4022
北大東診療所　字中野　☎3－4005
北大東空港　字南　☎3－4408
観光案内所（株式会社フロンティアプラネット）
字中野　☎3－4428

【宿泊施設】
ハマユウ荘うふあがり島　字中野　☎3－4880
二六荘　字港　☎3－4046

【売店】
JA売店　字中野　☎3－4316　＊ATMあり
浅沼商店　字港　（二六荘と同じ）
名嘉商店　字中野　☎3－4435
宮城行枝商店　字南　☎3－4145
大城商店（金物）　字南　☎3－4029
魚市場（北大東村水産組合）　字港　☎3－4108

【飲食】
レストランはまゆう　字中野　（はまゆう荘と同じ）
喫茶ひまわり（複合型福祉施設内）
字中野　☎3－4103
島人酒場トロッコ　字港　☎3－4501
居酒屋村おこし　字中野　☎3－4180

【スナック】
サロンみなと　字港　☎3－4043
幸　字南　☎3－4330
ひで坊　字南　☎3－4335
ブリーズ　字南　☎3－4890

北大東島への旅行案内

【パックツアーの場合】

Ｊ－ＴＡＰでパックツアーが組まれている。那覇発で北大東島２日間のコース、南・北大東島３日間のコースがある。朝食・夕食付きで空港から宿までの送迎がある。

【自分で手配する場合】

①航空券の手配

那覇から北大東島への飛行機は、那覇―南大東（北大東）―北大東（南大東）―那覇の三角航路で運行されている。那覇―人東間は約１時間のフライト。南北大東間は約15分の日本最短航路である。曜日により、南先行、北先行が異なるので注意を要する。２０１８年時点では、月金土日は那覇から北先行で、火水木は南先行となっている。

特殊な航路のためか、往復の場合はＪＡＬのＷＥＢサイトでの予約ができない。電話又は空港カウンターで予約する必要がある。三角航路でも往復割引が適用される。２０１８年時点で往復料金は３万２６００円である。

②宿の手配

島の宿には次の電話番号から予約できる。

・ハマユウ荘うふあがり島　☎０９８０２－３－４８８０

島中心部の丘の中腹にある。鉄筋コンクリート造の現代的な宿。（株式会社黄金山）

・二六荘　☎09802―3―4046
　西港近くの集落にある。木造のアットホームな民宿。

　いずれの宿も空港からの送迎があり、食堂で食事ができる。ハマユウ荘に併設されているレストランは宿泊者以外にも開放されている。

　ハマユウ荘では、レンタカー、レンタバイク、レンタサイクルの貸し出しをしている。ただし、レンタカー、レンタバイクは台数が少ないので注意が必要である。

　団体の観光客が多くなる冬の週末、祭りなどの行事がある時期、年度末で事業者の出張が多い時期は宿の予約が取りにくい場合があるので、早めの予約がお勧めである。

③定期船の使用

　那覇泊港から貨客船「だいとう」に乗ることができる。那覇17時発で、大東着が翌朝8時となり、15時間ほどの航海となる。要予約で、2018年時点では往復10820円と航空券に比べて大幅に安い。ただし、出航日が確定しないことが多いため、旅程に余裕がないと活用することは難しい。

服部　敦（はっとり・あつし）

中部大学教授。工学博士。専門は都市デザイン。国土交通省、内閣官房を経て現職。全国各地のまちづくりの計画策定、プロジェクトの企画・運営を支援。2008年に北大東島に出会い、2009年より政策参与として、各種計画・事業の企画・運営に参加。2018年に刊行された北大東村誌の歴史編を執筆。著書に「都市計画総論」（共著・鹿島出版会）、「地域再生システム論」（共編著・東京大学出版会）など多数。

沖縄・北大東島を知る
うふあがりじま入門

2018年7月10日　第一刷発行

著　者　　服部　敦
発行者　　池宮　紀子
発行所　　（有）ボーダーインク
〒902-0076 沖縄県那覇市与儀226-3
tel098-835-2777　fax098-835-2840
印　刷　　有限会社でいご印刷

ISBN978-4-89982-344-5 C0226
Printed in OKINAWA Japan